Aufgewachsen in WIESBADEN

in den *60er* und *70er* Jahren

IMPRESSUM

Bildnachweis:
Stadtarchiv Wiesbaden: S. 4, 6, 7, 9, 10, 11, 14 oben, 15, 28, 30, 34, 35 unten, 44, 45, 52, (J. B. Weber) / 16 (W. Eckhardt) / 33, 35 oben (L. Watzelhan) / 46 oben, 47 (Wolff + Tritschler) / 46 unten (H. P. Sieber), 17, 29, 53 unten, 58, 59, 63
ullstein bild: S. 13 unten rechts, 14 unten, 19, 23, 24, 25, 27, 31, 36, 39, 43, 56, 60, 61

Alle übrigen Bilder stammen aus dem Archiv der Autorin.

Titel: Mädchenmotiv: Archiv Claudia Brandau;
Jungenmotiv: Presse-Bild Poss, Dipl.-Ing. Oscar Poss
Stadtmotiv: Stadtarchiv Wiesbaden (J. B. Weber)

Wir danken allen Lizenzträgern für die freundliche Abdruckgenehmigung. In Fällen, in denen es nicht gelang, Rechtsinhaber an Abbildungen zu ermitteln, bleiben Honoraransprüche gewahrt.

2. Auflage 2010
Alle Rechte vorbehalten, auch die des auszugsweisen Nachdrucks
und der fotomechanischen Wiedergabe.
Layout: Ravenstein und Partner, Verden
Satz: Sislak Design Werbeagentur, Bad Soden-Salmünster
Druck: Thiele & Schwarz, Kassel
Buchbinderische Verarbeitung: Buchbinderei Büge, Celle

© Wartberg Verlag GmbH & Co. KG
34281 Gudensberg-Gleichen · Im Wiesental 1
Telefon: 05603/93050 · www.wartberg-verlag.de

ISBN: 978-3-8313-1890-2

Vorwort

„Erzähl mir mal etwas von früher!" Dieser Aufforderung des Nachwuchses nachzukommen, stellt sich für unsere Generation der 60er- und 70er-Jahre als gar nicht so einfach dar. Keiner von uns musste barfuß kilometerweit durch den Schnee zur Schule stapfen. Krieg und Vertreibung kannten wir nur aus den Geschichten unserer Großeltern und Eltern. Wie die „Made im Speck" lebten wir, Zentralheizung, Fernseher, Auto, Taschenrechner, ja sogar Videospiele gehörten in den meisten Familien zur Standardausrüstung – wenn auch nicht ganz so komfortabel und modern wie heute. Die „Flower-Powerbewegung" bekamen wir auch nur am Rande mit, allenfalls durch die große Schwester oder den älteren Bruder.

Und doch:
Eine aufregende Kindheit und Jugend war das in einer Stadt, die aus Kriegstrümmern und grauen Mauern der Nachkriegsjahre schöner und strahlender als je zuvor auferstanden war. Wiesbaden, die „Rentnerstadt", die stets versuchte, sich von dem schmucklosen Frankfurt und der „Studentenstadt" Mainz abzuheben und „etwas Besseres" zu sein, hat uns viel geboten. Üpig blühende Parkanlagen, Schwimmbäder, goldverzierte Schlösser, Kinos, herrliche Villen und Jugendstil-Häuser, Theater, bundespolitische Foren, Konzerte, multikulturelle Festivitäten und Prominente auf Schritt und Tritt. All das und vieles mehr öffnete uns einen breiten Horizont, von dem wir unser Leben lang profitieren dürfen.

Wir spielten noch unbeschwert in den Wäldern, Computer trieben nur in den Ämtern ihr Unwesen, der Sonntag gehörte der Familie, Schule war

Petra Mende im Alter von sieben Jahren.

ein notwendiges Übel, aber keine Last, es gab für zwei Pfennige Brausestäbchen und Schallplatten hingen nicht als Relikte von der Decke, sondern lagen auf dem Plattenteller – eine Zeit zwischen Tradition und Revolution, Heintje und Rolling Stones, Patriarchat und Emanzipation, Spießbürgertum und sexueller Revolution, Foxtrott und Disko-Dance.

Gerne sind wir in Wiesbaden aufgewachsen, gerne leben wir hier oder kehren noch lieber wieder heim.

Petra Mende
Petra Mende

Eine ewige Baustelle war die Innenstadt, wie hier in der Schwalbacher Straße 1976. Überall wurde gebohrt, Löcher gegraben, Rohre verlegt, asphaltiert und kurze Zeit später wieder, gebohrt, Löcher gegraben ...

So begannen die 60er-Jahre

In den 60er-Jahren standen noch Schutzpolizisten auf weißen Podesten an den Kreuzungen und regelten den Verkehr (und jedes Jahr zu Weihnachten bekamen sie von den Autofahrern Geschenke zu ihren Füßen gelegt), Gaslaternen (die letzte ging 1967 in der Wilhelmstraße aus) erhellten die Straßen mehr schlecht als recht, Taxifahrer trugen schmucke Uniformen, um sich von gewöhnlichen Autofahrern zu unterscheiden und das „Fräulein vom Amt" vermittelte die Ferngespräche. Mit der Rohrpost wurden Telegramme zur Leitstelle geschossen, in den Bussen kassierten keine Automaten, sondern lebendige Schaffner vier Groschen für eine Kurzstrecke. An den Tankstellen musste kein Autofahrer selbst das Benzin zu 59 Pfennigen pro Liter zapfen, auch in den Geschäften packten Angestellte das Obst für die Kunden ein.

Vor dem Rathaus schmetterten zudem jedes Jahr voller Inbrunst Hunderte von Sängern Volkslieder, um an die „Bedeutung des deutschen Liedgutes für das kulturelle Erbe" zu erinnern. Und bis 1963 zog noch Max, das letzte Pferd auf Wiesbadens Straßen, den Brotwagen durch die Gassen, vorbei an den letzten Vorkriegsautos und modernen, mit später verbotenem, spitzem Zierrat geschmückten schicken „Ami-Schlitten".

Der Fernseher flimmerte schwarz-weiß über vier Kanäle, die 31 Kinos mit ihren monatlichen 720 Vorstellungen besuchte im Schnitt jeder Einwohner achtmal im Jahr. Einen Telefonanschluss zu bekommen, war noch bis weit in die 70er-Jahre eine harte Geduldsprobe.

Unerschrocken stürzten sich im Sommer Hunderttausende Badegäste in die unbeheizten Fluten der beiden bis dato einzigen Freibäder (Opelbad und Kleinfeldchen), bewacht von den mit schicken weißen Uniformen und Kapitänsmütze ausstaffierten Bademeistern. Und im einzigen Hallenbad gab es in den Duschen kostenlos die winzigen Kernseifen für die Schwimmer. Im Kurpark, der nur gegen Eintritt durchquert werden durfte, sorgten Wächter für Ruhe und Ordnung, die beiden Maxime, die in Wiesbaden besonders groß geschrieben wurden. In den Schulen drückten Buben und Mädchen zudem noch getrennt die Schulbank. Und in Tanzlokale ging „die anständige Frau" nur in männlicher Begleitung.

Die 60er-Jahre waren in Wiesbaden aber vor allem von einem geprägt: von Baumaschinen, die an jeder Ecke der ständig wachsenden Stadt wie Wahrzeichen aus dem Boden ragten und das Ortsbild maßgeblich prägten. Keine Straße, die nicht irgendwo aufgerissen wurde, kein Wohngebiet, in dem wir nicht morgens um sechs von quietschenden Zementmischern und heulenden Kreissägen aus dem Schlaf gerissen wurden. Es galt, die letzten Kriegsschäden des schweren Luftangriffes von 1945 zu beseitigen sowie die Wohnungsnot und den Platzmangel an den Schulen zu beseitigen.

Wiesbaden und die Kinder

Die Landeshauptstadt von Hessen in den 60er-Jahren als besonders „kinderfreundlich" zu bezeichnen, wäre – mit Verlaub – nicht zutreffend. Spielplätze suchten wir oft vergeblich, und wenn irgendwo weit weg vorhanden, dann waren sie lediglich mit dem Nötigsten ausgestattet. Die eingezäunten Spielplätze standen uns zudem nur tagsüber im Sommer zur Verfügung. Im Winter wurden die Geräte stets abgebaut und erst im April wieder an ihren Platz gestellt.

Chronik

1960
Mai: Die erste Elektro-Lok fährt in den Bahnhof ein.

Dezember: Auf dem höchsten Berg Wiesbadens, der Hohen Wurzel (614 Meter) wird ein Funk-Fernsehturm gebaut.

1961
September: In der Mütterschule gibt es erstmals Kurse für Väter in der Säuglingspflege.

Juni: Richtfest der Jugendstrafanstalt in Dotzheim.

1962
Juni: Die Volksschulstudentin Gisela Karschuk aus der Danziger Straße wird zur Miss Germany gekürt.

März: Wiesbaden bekommt die neue Postleitzahl 6200.

1963
April: Großbrand auf dem Erbenheimer Flugplatz, über eine Million Mark Schaden, über 100 deutsche und amerikanische Feuerwehrleute sind im Einsatz.

1964
April: Wiesbaden soll einen zweiten Flugplatz erhalten, um seine Bedeutung als Kur- und Kongressstadt zu unterstreichen.

August: Zwei Wiesbadener Globetrotter fahren mit dem Mofa zur Olympiade nach Tokio. Nach zehn Monaten und 25 000 Kilometern kommen sie an.

Wo sind die Spielplätze?

Der Stadt fehlte es an Geld für Spielplätze und auch an Grund, der dann häufig doch lieber als Parkplatz ausgewiesen wurde. Ab 1961 häuften sich die Klagen von Eltern und Kindern. Laut einer Verordnung durften die Kleinen nämlich selbst in Spielstraßen nicht mit dem Fußball spielen. Auf allen Wiesbadener Schulhöfen und Spielplätzen war dies ebenfalls verboten „weil die Kinder keine Rücksicht auf die Anlagen nehmen und keine Fensterscheibe vor ihnen sicher ist", hieß es in einer Verlautbarung. Auf Plakaten, die an die Häuserwände geklebt wurden, machten Kinder und Eltern ihrem Ärger Luft.

So richtig los ging es mit dem Spielplatzbau 1969. 58 Spielplätze wurden bis dahin schon gezählt. 1973 gab es 90 Spielplätze, 15 weitere sollten für eine Million Mark eingerichtet oder umgestaltet werden. Unbefriedigend blieb jedoch die Situation in der Innenstadt, wo die Kinder weiterhin zwischen parkenden Autos spielen mussten.

Spielen in den großzügigen Parkanlagen war zudem nicht angesagt. Im Kurpark und den angrenzenden Anlagen zierten noch in den 60er-Jahren Schilder mit „Rasen betreten verboten" die verlockenden grünen Wiesen. Der kurz geschorene Rasen war heiliges Terrain, aufmerksame Wächter sorgten dafür, dass die Verordnungen eingehalten wurden. Erst 1970 wurde das Verbot in den Parks langsam gelockert. Zunächst in der Reisingeranlage und Friedrich-Ebert-Anlage, wo sich ohnehin die langhaarigen Hippies in ihren Batik-T-Shirts oder müffelnden Schafsfellmänteln mit ihren Gitarren breitgemacht hatten, um lauthals „The House of Rising Sun" u. ä. zu grölen. Jahre später wurde auch das Kurhausgrün, zum Schrecken der Gärtner und Senioren, freigegeben. Bis weit in die 70er-Jahre mussten wir hier

Dieses Schaukel-Zebra war eines der moderneren Geräte Wiesbadener Spielplätze in den 60er-Jahren. Zum Teil stehen sie heute noch.

Ein typischer Spielplatz zwischen Flachdach-Plattenbauten: Die Anlage in der Geno-Siedlung in Schierstein, hier aus dem Jahr 1969.

Babys – wir kommen

an bestimmten Tagen Eintrittsgeld bezahlen, da dieses Areal als „kultivierter Ruhebereich für den Kurgast" reserviert war. Nachdem im April 1969 mit der 119 Jahre alten Tradition des Bootverleihs zugunsten der neuen Wasserfontäne im Parkteich gebrochen wurde, war der Park für uns Kinder aber sowieso nicht mehr so interessant. Überhaupt investierte die Stadt lieber in den Kurbetrieb als für ihren Nachwuchs. Was sind schon 45 000 Kinder im Vergleich zu zahlungskräftigen 300 000 bis 900 000 Kurgästen!
Flanieren, spazieren, und das möglichst leise und an Mutters oder Vaters Hand, das war dagegen gerne in Wiesbaden gesehen. Wohl den Kindern, die zu Hause einen Garten und tolerante Nachbarn hatten.

In den 60er-Jahren erfuhr Wiesbaden einen regelrechten Kinderboom und das, obwohl ein Kind in die Welt zu setzen schon damals eine gehörige Investition bedeutete. 2000 Mark, so wurde 1967 ausgerechnet, musste im Schnitt für ein Baby im ersten Lebensjahr hingeblättert werden, wobei es die teuren Papierwindeln erst ab 1973 gab. Mit Kind oder gar gleich mehreren Kindern war es außerdem sehr schwer, eine Mietwohnung zu bekommen.
1960 gab es 44 500 Kinder und Jugendliche, 1973 sogar mit 45 000 noch etwas mehr.
Insgesamt wurden 1972 und 1973 über 800 Kinder geboren, 1974 waren es sogar mehr als 900, 1975 gab es 1000 Geburten, 1976 erblickten fast 1200 Neubürger das Licht der Welt. Eine Zahl, die in den Folgejahren sogar überschritten wurde.

Die ersten Lebensjahre

Die Infrastruktur kam schon in den Anfängen der 60er-Jahre kaum dem Nachwuchs nach. Schwangere und Wöchnerinnen mussten sogar zuweilen mit Krankenhausgängen vorliebnehmen. Nach der Geburt kamen wir in unseren wollenen Strampelanzügen gleich ins Säuglingszimmer und die Mutter auf Station. Zwar gab es damals schon Väter, die bei der Geburt im Kreißsaal dabei waren, doch das war eher die Ausnahme. In einigen Kliniken

Auch das Baby bekam beim Umzug am Martinstag (1961) eine Laterne.

Zum Stolz der Familie gehörte nicht nur der Nachwuchs, sondern auch das eigene Auto.

bekamen Babys nach 36 Stunden Muttermilch, Stillende waren zudem ständig im Stress, da ihnen für die Fütterung stets nur 20 Minuten blieben, ob das Kleine wollte oder nicht. Flaschenkinder bekamen ihre Mutter sogar nur zweimal am Tag zu Gesicht.

Auch in den wenigen Kindergärten, die überwiegend von kirchlichen Trägern betrieben wurden (nur vier von 86 Kindergärten im Jahr 1973 waren städtische), wurde der Platz schnell knapp. Bevorzugt werden mussten hier diejenigen, deren Eltern beide berufstätig waren, oder die mehrere Geschwister hatten. Viele Kinder kamen daher erst ein Jahr vor der Einschulung in den Kindergarten.

Einer der wenigen Kindergärten, die einen Außenspielbereich hatten, war die Kindertagesstätte Hasengarten (hier 1962).

Der Kindergarten

Anders als heute war der Außenbereich im Kindergarten sehr eingeschränkt. Spielen im Freien, das gab es kaum. Denn meist verfügten die Kindergärten nur über einen asphaltierten Vorplatz und vielleicht einen kleinen Ziergarten (Betreten wieder einmal „verboten").

Da wir es ja aber nicht anders kannten, blieben wir brav in unseren Gruppenräumen, wo wir mit unseren „Tanten" malten, mit bunten Papierstreifen flochten, bastelten, puzzelten oder Gruppenspiele („Der Plumpsack geht um") spielen durften. Unterbrochen wurden die Beschäftigungen durch das Frühstück: Pünktlich um 9.30 Uhr packten wir nach einem kurzen Dankgebet die kleinen ledernen Umhängetäschchen mit unserer Schnitte und einer nachfüllbaren kleinen Trinkflasche aus. Schwätzen durften wir beim Essen jedoch nicht.

Maximal einmal in der Woche, meist aber nur einmal im Monat, marschierten wir mit unserem Turnbeutel in eine extern gelegene Turnhalle. In unseren gerippten, schwarzen Einheits-Turnhöschen, -hemdchen und -schläppchen machten wir allerdings selten sportliche Übungen, dafür mehr Spiele, wie „Wer hat Angst vorm schwarzen Mann", für die im Gruppenraum kein Platz gewesen wäre. Außerdem probten wir dort die Tänze für die alljährlich stattfindenden Aufführungen. Vor unseren zu Tränen gerührten Müttern tanzten wir dann über die Bühne, oder ratterten in Rekordzeit (bloß schnell wieder weg!) Gedichte herunter.

Nicht wenige Kinder blieben jedoch bis zur Einschulung zu Hause bei ihrer Familie. Dabei war es fast normal, dass die Mutter dazuverdienen musste – Wiesbaden war ja schon in den 60er-Jahren ein teures Pflaster. Mehr als 50 Prozent der Frauen kehrten deshalb bereits nach einer kurzen Pause wieder in ihren Beruf zurück. Da oft die Großeltern im Haus oder zumindest nur einen kurzen Weg entfernt lebten, konnten jene die Betreuung (und das Verwöhnen) der Kleinen übernehmen.

Gesittet ging es im Kinder- und Säuglingsheim an der Kapellenstraße zu.

Qualm und Gestank lagen nicht nur über dem Industriegebiet, wie hier 1964 in Biebrich, sondern zogen auch in die Innenstadt, wo sie sich vor allem an heißen Tagen im Talkessel festsetzten.

Hunderte von Lehrstellen

Arbeitsplätze gab es in Wiesbaden in den 60er-Jahren mehr als genug. Nicht nur in den vielen Ämtern, die in der Landeshauptstadt Fuß fassten oder erweitert werden mussten, sondern vor allem im Baugewerbe und der Industrie. So waren 1960 allein in Wiesbaden Hunderte von Lehrstellen und sogar Posten in leitenden Verwaltungspositionen unbesetzt. 1962 stieg die Zahl der offenen Stellen auf 2500, weshalb das Arbeitsamt proklamierte, dass bei den meisten Berufen die Volksschule genügt, um Schüler zu überreden, nicht länger als nötig die Schulbank zu drücken.

Wegen Personalmangel mussten sogar viele Einzelhandelsgeschäfte, aber auch Gaststätten schließen.
Ab 1966 wendete sich langsam das Blatt: Während in jenem Jahr 592 Arbeitslose auf 5110 freie Stellen kamen, waren es zwölf Monate später nur noch rund 3000 bei fast 2000 Arbeitslosen. In den 70ern ging es dann steil bergab: 1978 waren es über 7000 Arbeitslose und die Zahl pendelte sich erst 1980 auf 5000 ein. Von der Arbeitslosigkeit betroffen waren besonders Frauen, 1976 lag die Quote bei 3,9 Prozent.

Endlich ein eigener Garten mit Sandkasten und Spielgeräten!

Der Traum vom eigenen Heim war mangels Bauland nur sehr schwer zu realisieren.

Spielen im Freien

Austoben an der frischen Luft, das ging nur am Nachmittag zu Hause. Mit den Geschwistern, Nachbarskindern oder Freunden verbrachten wir viele Stunden zwischen Hecken und Bäumen, Büschen und auf Wiesen. Davon gab es, da die Bebauung nicht so weit fortgeschritten war, anfangs zumindest in den Stadtrandgebieten und Vororten noch genug. Die Innenstadt-Kinder hatten es da viel schlechter. Sie mussten mit den Trottoirs, zementierten Innenhöfen, die durch immer volle Wäscheleinen räumlich beschränkt waren oder, sofern vorhanden, engen Balkonen, die allenfalls mit einem kleinen Sandkasten in der Ecke ausstaffiert waren, vorliebnehmen. Ballspielen, Rad- und Rollschuh fahren war natürlich nicht erlaubt und laut sein schon gar nicht. Als Spiele blieben da nur mehr „Himmel und Hölle" oder Gummitwist und Seilspringen übrig.

Der Freiraum in den Randgebieten sollte aber auch bald ein Ende haben. Denn Wiesbaden war, was bewohnbare Wohnungen – vor allem für kinderreiche Familien – betraf, lange im Defizit und musste dies Anfang der 60er-Jahre schnellstmöglich aufholen.

Endlich Richtfest. Bald hat die Zeit in der engen Wohnung ohne eigenen Garten ein Ende.

Die Innenstadt-Kinder spielten Gummitwist auf der Straße.

Wiesbaden wächst

Noch frei und nahezu unverbaut war Mitte der 60er-Jahre der Blick über die Stadt, wie hier in Bierstadt (Aukammsiedlung).

In der ersten Hälfte der 60er-Jahre wuchs die Stadt am stärksten und am höchsten über sich hinaus, denn kaum waren die Kriegsschäden einigermaßen beseitigt, machte sich in der Landeshauptstadt eine massive Wohnungsnot bemerkbar. Das Bauamt erstickte in einer Flut von Bauanträgen. Doch der Vorrat an baureifem Gelände war erschöpft, Baugrund konnte selbst Einheimischen nicht mehr zur Verfügung gestellt werden. Die einzige Lösung: In den Randbereichen und Vororten „Satellitenstädte" in die Höhe ziehen. So entstand 1960 das Baugebiet Gräselberg in Biebrich (1200 Wohnungen für 5000 Einwohner). Weitere 1000 Wohnungen wurden im Bierstadter Wolfsfeld, bis zu 3000 Wohnungen im Klarenthal und ein weiteres Wohngebiet in Erbenheim geplant. Ende 1961 wurden trotzdem bereits rund 16 500 Wohnungssuchende gezählt, mehr als zwei Drittel kamen aus der Innenstadt, wo das Gesundheitsamt zudem mit der sofortigen Räumung von 463 Wohnungen drohte, die als „unbewohnbar" eingestuft wurden. Um die Situation so schnell wie möglich zu verbessern, wurde 1962 beschlossen, Wohnungen in „Schnellbauweise" zu bauen. 248 sollten in bis zu neunstöckigen Häusern allein in Erbenheim entstehen, in Schierstein wurde ein Baugebiet für 5000 Menschen ausgewiesen. Für 250 Millionen Mark sollte die Trabantenstadt Klarenthal innerhalb der nächsten sechs Jahre emporwachsen. Der Bedarf stieg und stieg jedoch noch schneller, als die Planer zeichnen konnten: fast 19 000 Wiesbadener suchten bis Ende des Jahres eine Wohnung, darunter auch 300 Familien, die bis dato in Notquartieren und Baracken zum Teil ohne fließend Wasser, sanitären Anlagen und Heizung hausen mussten, wie im „Notstandsviertel Vorderberg", das als „Eiterbeule Wiesbadens" bezeichnet wurde.

1964, als die Wohnblocks nach und nach bezugsfähig wurden, die Villenkolonie Nerobergblick in Dotzheim für 180 neue Wohnungen genehmigt und ein neues Stadtviertel in Dotzheim für 3000 Menschen erschlossen worden waren, fand auch der Spatenstich für 4000 neue Wohnungen im Klarenthal statt. Im Dezember wurde der neue Stadtteil „Kahle Mühle" für 3000 Menschen in Angriff genommen.

Im Abenteuerland

Bei fast jedem Wetter spielten wir die Abenteuer der Fernsehhelden unserer Kindertage nach. Da kämpften „Tarzan und Jane" im dichten Dschungel ums Überleben, dort „rauchten die Colts" oder entdeckten „Captain Kirk und Scotty" unbekannte Galaxien. „Cowboy und Indianer" verdrängte den „Räuber und Gendarm", letzterer durfte allenfalls als Schutzmann Strafzettel verteilen. Und Fußball wurde überall dort gespielt, wo es eine Grünfläche und der Hausmeister und die Nachbarn und die Eltern und die Ordnungshüter es zuließen.

Von unseren Eltern verboten – daher umso reizvoller – war das Betreten und Spielen in den alten, verlassenen Villen, die in jedem Viertel der Stadt in ihren verwilderten Gärten nur auf uns Entdecker warteten. Über bröckelnde Mauern, verbogene Gitter, zerborstene Nebentüren oder gesprungene Fensterscheiben gelangten wir in die unheimlichen Säle und Hallen der einst herrlichen Jugendstilvillen. Die ganz Mutigen trauten sich

Eine Sensation war die Freizeit- und Spielanlage im Parkfeld (Biebrich), die in den 70er-Jahren mehr bot, als Rutschbahn und Schaukel.

sogar über die morschen Treppen in die oberen Stockwerke und triumphierten über gefundene Schätze, wie alte Zeitungen aus der Jahrhundertwende, mit denen die Fensterrahmen isoliert worden waren. Meist stoben wir jedoch bei dem ersten knackenden Geräusch laut schreiend und zitternd wieder heraus.

Bevor es dunkel wurde, mussten wir natürlich nach Hause. Eine Vorsichtsmaßnahme unserer, für uns überängstlichen mütterlichen „Glucken", der wir nur unwillig folgten. Angesichts der vielen Verbrechen an Kindern, die zu dieser Zeit Opfer von Mördern und Schändern waren und von denen wir nichts oder kaum etwas erzählt bekamen, können wir im Nachhinein froh sein, überhaupt so frei draußen spielen gedurft zu haben.

Raumschiff Enterprise – unsere Fernsehhelden.

So sah der neue Spielbereich in der Wohnsiedlung in Kohlheck aus, der 1962 eingeweiht wurde. Im Hintergrund werden noch ein paar neue Wohnblöcke fertiggestellt.

Ein besonderer Spielplatz ...

Gerne verbrachten die Kinder im Osten der Stadt den Nachmittag auf dem Spiel- und Bolzplatz am Wartturm, wofür wir allerdings erst einmal einen endlos lang erscheinenden Berg erklimmen mussten. Ein alter Wachturm, das heutige Wahrzeichen des Stadtteils Bierstadt, von dem aus die regelmäßig stattfindenden Probealarme (Luftangriff und Entwarnung) heulten, thronte auf der obersten Spitze. Unter einer der vermeintlichen Schießscharten hatte jemand rote Farbe hinunterlaufen lassen. Für uns Kinder natürlich Blut eines armen tapferen Soldaten, dessen Anblick uns stets erschaudern ließ.

... und erste Begegnungen mit den Amerikanern

Noch etwas war an diesem Spielplatz reizvoll. Hier trafen sich Kinder amerikanischer Familien, die in Wiesbaden stationiert waren und die in den umlie-

Bei der Spielplatzeinweihung 1962 in der Wohnsiedlung in Kohlheck war sogar Oberbürgermeister Georg Buch zugegen.

genden Plattenbausiedlungen wohnten. Mangels Sprachkenntnissen trauten wir uns zwar meist nicht besonders nah an diese stets nach Popcorn und Kaugummi duftenden (und ständig kauenden) Exoten heran. Aber alleine in ihrer Nähe spielen zu dürfen, brachte uns – die wir nur von Amerika träumen durften und für amerikanische Fernsehfilme (und ihre Schauspieler natürlich) schwärmten – die USA ein wenig näher. Etwas verwunderlich war es schon, die amerikanischen Kinder auf unseren faden Spielplätzen anzutreffen. Hatten sie doch in ihren Siedlungen viel schönere und modernere Geräte – abgesehen davon, dass dort eigentlich immer eine Familie auf riesigen Kugelgrills herrlich duftende Hamburger grillte. Ohne große Schwester oder Bruder, die sich im Falle eines Falles verständlich machen konnten, trauten wir Jüngeren uns nicht dort hin. Im Winter trafen wir die „Ami-Kinder" beim Rodeln an, wobei wir ihre eigenartigen flachen Plastikschlitten bestaunten. Die Verständigung war zwar auch dort mühsam, aber doch meist erfolgreich.

Am 14. März 1973 zieht das US-Hauptquartier nach 25 Jahren vom Camp Lindsey nach Ramstein um. 6000 Garnisonsangehörige verlassen die Stadt. Die Hoffnung auf nun freie Wohnungen zerschlug sich aber rasch, da Nachschub nicht lange auf sich warten ließ.

Die Amerikaner in Wiesbaden

1945 waren die Amerikaner in Wiesbaden eingezogen und gehörten Anfang der 60er-Jahre zum festen Bestandteil der Kurstadt. Auch, wenn es hier und da Probleme mit den Besatzern gab, arbeiteten der Magistrat der Stadt und die Führer der Streitkräfte intensiv daran, in Wiesbaden gut miteinander auszukommen. Dazu gehörten u. a. Verordnungen wie die Entsorgung der alten amerikanischen Fahrzeuge, die an den Straßenrändern verrosteten und von Kindern als Spielgerät benutzt wurden. Razzias in Tanzclubs und Kontrollen der amerikanischen Polizei in der Stadt sorgten zudem dafür, dass die Soldaten nicht allzu sehr über die Stränge schlugen. Rund 15 000 Amerikaner waren 1960 in Wiesbaden stationiert, etwa 4000 Familien lebten in den eigenen Housing Areas, fast 2300 Familien wohnten jedoch zur Miete oder Untermiete bei deutschen Hausbesitzern. 1960 wuchs die neue Siedlung der Amerikaner im Aukammtal an. Außerdem wurde das US-Einkaufszentrum am Hainerberg gebaut und das alte im ehemaligen Opelhaus an der Ecke Bahnhofstraße/Kaiser-Friedrich-Ring an die Wiesbadener zurückgegeben.

Mrs Evelyn L. Rhinehart, Witwe von Captian Darrell R. Lindsey, mit einem „Aircop" vor dem Haupteingang der Lindsey Air Station 1967.

Der jährlich stattfindende „Tag der Streitkräfte" auf dem Flughafen Erbenheim erfreute sich großer Beliebtheit. 175 000 bis 200 000 Besucher wurden stets gezählt, die sich nicht nur für Hubschrauber und Düsenjäger interessierten. Im Mittelpunkt standen für uns Kinder vielmehr die in großen Bottichen angebotene Eiscreme, Riesen-Hamburger, Hot Dogs und vor quietschgelber Butter triefende Maiskolben.

Das Kaufhaus Luley und andere „Lädschen"

Und noch einen beliebten Ort teilten wir mit den Amerikanern: Obwohl den „Amis" ein riesiges eigenes Einkaufszentrum am Hainerberg zur Verfügung stand, von dessen Inhalt (Großpackungen Erdnussbutter-Schokoladenriegel, Nachos, Zimtkaugummis und weitere Köstlichkeiten) wir nur träumen durften, drängten sie sich doch in „unser" Paradies aus Kindertagen: das Kaufhaus Luley in Bierstadt. Dort gab es alles, was ein Baby, Kleinkinder-, Schulkinder-, Jugendlichen-, Erwachsenen- und Seniorenherz begehrte und natürlich eine riesiges Angebot an Süßigkeiten. Kein Einkauf, der hier nicht mit wenigstens einer Schleckmuschel, einem Nappo, bizzelnder Brause oder klebrigen Zuckerperlen endete.

Stammkunden waren wir Kinder auch in den kleineren Kiosks und Tante-Emma-Läden, die meist fußläufig in den verstreuten Wohnsiedlungen zu erreichen waren. Brausestäbchen und knallbuntes Wassereis standen dort ganz oben auf unserer Einkaufsliste. Jeder Pfennig des knappen Taschengeldes wurde in Schaumerdbeeren und Eiskonfekt umgesetzt, die in kleinen Papiertütchen stolz nach Hause getragen wurden. Die „Lädschen" boten Kindern auch die Möglichkeit, den Geldbeutel durch Prospekt verteilen oder Flaschen sammeln wieder ein wenig aufzufüllen.

Fernsehen und das Telefon

Bei Regenwetter, am späten Nachmittag und frühen Abend sowie am Wochenende, stand – das müssen wir einfach zugeben – meist der Fernseher (ab 1967 in Farbe!) im Mittelpunkt unserer

Im Kaufhaus Luley gab es alles, was das Kinderherz begehrte, auch das erste eigene Auto (1964).

Beim Spielen war Fantasie gefragt. Wenn uns langweilig wurde, griffen wir zum Telefonhörer ...

Bei Regenwetter durften wir „Die Waltons" im Fernsehen sehen.

Beschäftigung. Zeichentrickfilme, wie „Heidi" (ab 1975), „Wicky und die starken Männer" (ab 1972), „Familie Feuerstein" (ab 1966), „Sesamstraße" (ab 1973), „Kli-Kla-Klawitter" (ab 1973), „Die Sendung mit der Maus" (ab 1971 ein Muss) und natürlich das „Sandmännchen" (ab 1962) sowie die „Augsburger Puppenkiste" (ab 1961) durften die jüngeren Kinder sehen. Den älteren Geschwistern blieben Zeichentrickfilme wie „Tom und Jerry" (ab 1961), „Bugs Bunny" (ab 1960) und „Schweinchen Dick" (ab 1970) vorbehalten, ging es darin doch für damaliges Empfinden sehr brutal zu. „Daktari" (1969), „Flipper" (1964), „Skippy, das Känguruh (1969), „Lassie" (bis 1974), „Bonanza" (bis 1973), „Die Waltons" (1972), „Raumschiff Enterprise" (1972) und „Spiel ohne Grenzen" (ab 1965) durften wir ohne Ausnahme sehen.

Wurde uns das Spielen zu langweilig, griffen wir auch schon mal zum Telefon. Nicht um die Freundin oder den Freund anzurufen, sondern um die stereotype Stimme der Zeitansage und des Kinoprogramms abzuhören – und natürlich uns einen Spaß daraus zu machen, wildfremde Menschen anzurufen und mit ihnen Schabernack zu treiben. Ab 1980 mussten wir dann mit der Sanduhr den neu eingeführten 8-Minuten-Takt stoppen, um die Kosten in Grenzen zu halten.

Der Einschulungstest

Dem „Ernst des Lebens" begegneten wir in der Regel mit sechs Jahren. Voraus ging natürlich die äußerst aufregende Einschulungsprüfung im Frühjahr. Schon Monate vorher übten wir den wichtigsten Test: Den Griff mit einer Hand über den Kopf hinweg zur Ohrspitze. Wer sie berührte, galt als schulreif. Zahlen, Farben, Name und Adresse wurden natürlich außerdem abgefragt, vor Aufregung bekamen wir aber oft nur ein unverständliches Stottern heraus. Die Angst, dass der an Weihnachten oder am Geburtstag vorsorglich geschenkte lederne Schulranzen oder das feine Federmäppchen ein weiteres Jahr im Schrank warten mussten, war halt groß. Ab 1967 musste noch ein Sehtest bestanden werden.

Schulreformen

Die Experimentierfreudigkeit in den Schulen der 60er-Jahre war schier grenzenlos. Als geradezu revolutionär wurden **gemischte Klassen** in der Grundschule angesehen, die vor allem bei den Eltern auf Widerstand stießen. Das Schulamt versprach sich davon, dass sich „Mädchen und Buben möglichst schnell achten und verstehen lernen und sich zu besseren Leistungen anspornen". Auch erhofften sie sich durch den günstigen Einfluss der braveren Mädchen auf die wilderen Buben eine Reduzierung des „Rabaukentums". Getrennt werden sollten trotzdem einzelne Unterrichtsstoffe. Mädchen hatten Handarbeitsunterricht, Buben Werken. „Werden Sachthemen wie Strom behandelt, so ist bei den Mädchen", so die Empfehlung des Schulamtes, „der Tauchsieder, bei den Buben der Motor zu lernen." Dennoch sollten einige Jahre vergehen, bis die gemischten Klassen in allen Schulen umgesetzt wurden.

Eine weitere Neuerung führte 1960/61 die Sonnenberger Grundschule ein – die **Fünf-Tage-Woche**. Lehrer und Eltern befürchteten „dass sich die Kinder nach einem so langen Wochenende am Montag gar nicht mehr konzentrieren wollten und sie in ihren Leistungen abfallen". Der Rektor setzte sich dennoch durch und gab sogar den Eltern an einem Nachmittag praktischen Unterricht im Basteln, damit, „die Eltern wissen, was sie an den freien Samstagen mit ihren Kindern anfangen können".

Bis 1966 einschließlich fand die Einschulung nach Ostern statt. Um den seit 1960 geplanten Wechsel des Schuljahrbeginns im Jahr 1967 zu vollziehen, gab es in diesem Jahr Kurzschuljahre. Das hieß: Ein Schuljahr ging von Ostern bis Weihnachten, das nächste von Weihnachten bis zum Sommer. Um den damit verbundenen Unterrichtsausfall zu kompensieren, wurden den Schülern dieser Jahrgänge Wandertage und Fahrten gestrichen.

Die Grundschulzeit

Die lang ersehnte Einschulung war ein großes Ereignis. Neidisch blickten die Geschwister auf die schwere Schultüte, die – im Gegensatz zu einem Großteil unserer Kleidung – nicht selbst gemacht war. Im Schulhaus wimmelte es nur so von stolzen Eltern und Großeltern und den kleinen ABC-Schützen, die die Aufführung der Viertklässler in der kleinen Turnhalle vor Aufregung kaum mitbekamen. Endlich ging es in die Klassenräume, immer zwei und zwei an der Hand in einer Reihe. Ein neugieriger Blick in die Schultüte (wer hat mehr?), die erste Hausaufgabe (endlich!), dann das Verteilen der gelben Verkehrswacht-Kappen für die Buben und Kopftücher für die Mädchen. Und schon war der erste Schultag vorbei. Zu Hause wurde der Ehrentag mit der Verwandtschaft mit Kaffee und Kuchen gefeiert.

38 bis 40 Kinder in einer Klasse waren damals an der Tagesordnung, denn bis zu 4000 ABC-Schützen strömten ab 1966 in die dafür nicht ausgelegten Schulen. Trotz großer Altbau-Räume wur-

So brav saßen die Schüler noch in ihren Klassen (1972). Der Flötenunterricht, wie hier auf dem Bild, war auch bei den Jungen sehr beliebt.

Chronik

1965
Januar: Elektronengehirn berechnet Steuern und Gehälter. Die Verwaltung wird mit der neuen Anlage rationalisiert.

August: Das Haus der Jugend wird eröffnet.

1966
September: Die neue Synagoge wird in Wiesbaden eingeweiht.

1967
9. Februar: US-Flugzeug zerschellt bei Notlandung 200 Meter vor dem Ortseingang von Breckenheim.

Mai: Timo, der drei Jahre zuvor verschwundene siebenjährige Junge, wird ermordet in einem Kellerschacht in der Wilhelmstraße gefunden. Die Wiesbadener fordern die Todesstrafe für den Mörder, einen Freund der Familie.

1968
Januar: 16-Jährige Wiesbadenerin trifft beim Goldenen Schuss ins Schwarze und gewinnt eine Reise in die USA.

26. Oktober: Nach den Demonstrationen und „Sieg Heil"-Rufen, findet der Debütantenball das letzte Mal in Wiesbaden statt.

November: Baubeginn für den Fußgängertunnel am Bahnhof für 2,7 Millionen DM.

1969
Juni: Zwischen Moltkering, Bundessonderstraße und Bierstädter Berg soll ein Naherholungszentrum mit Schwimmbad, Sportanlage und Freilichttheater entstehen.

Wie gut eine Mutter zu haben, die bei den Hausaufgaben hilft.

Emanzipation

Anfang der 60er-Jahre war davon in Wiesbaden nicht viel zu spüren. Zwar wurde 1961 ein Kurs für Männer in Säuglingspflege von der Mütterschule angeboten, der fand allerdings erst 14 Jahre später regeres Interesse. Die Versorgung der Familie, Haus und Herd waren Frauensache, auch wenn sie nebenbei zur Arbeit gehen „durften". Dass Frauen eine Stammtischrunde gründeten und das sogar mit großem Zulauf, erregte 1967 großes Aufsehen. Und erst recht, als am 24. Juni 1968 beim ersten Internationalen Frauentag in Wiesbaden erklärt wurde: „Die Frau darf nicht Sklavin des Haushalts sein. Wir brauchen politisch und wirtschaftlich aufgeschlossene Frauen."

Erstaunt stellte im gleichen Jahr die Polizei fest, dass immer mehr Frauen ihren Führerschein machten und sie sogar besser fuhren, als behauptet. „Frau am Steuer, das wird teuer" lautete dennoch der Standardspruch der Männer.

1979 demonstrierten Bürgerinnen am 1. Mai unter dem Motto „Frauen helfen Frauen". Ein Jahr später wurde festgestellt, dass immer mehr Frauen Männerberufe ausübten. Im Gegenzug fingen die Männer an zu stricken.

de es da ziemlich eng – ein Kraftakt für die Lehrerinnen und Lehrer, die bunte Kinderschar im Zaum zu halten. Allerdings hatte die in der Regel noch mehr Respekt vor den Paukern. Niemals wäre es uns eingefallen, den Lehrer aus Versehen zu duzen, geschweige denn, ihm zu widersprechen. Da aufgrund des Lehrermangels zudem der eine oder andere reaktivierte Lehrer-Pensionist nach alter, preußischer Art unterrichtete, gab es mitunter für Lausebengel eine Ohrfeige. Geschwätzige Gören wurden an den Zöpfen gezogen und so zur Raison gebracht.

Das Schönste an der Schule waren natürlich die Pausen. Dann ging es für maximal 20 Minuten auf den asphaltierten Hof. Umgeben war das Schulgelände von einem hohen Eisenzaun, dessen Tore während der Schulstunden abgeschlossen oder vom stets mürrischen Hausmeister bewacht wurde. Gummitwist, Seilspringen, Armdrücken, Himmel und Hölle, Wettrennen und natürlich „Wer hat Angst vorm schwarzen Mann" verkürzten die Pausen. Auch wurden hier die bei den Mädchen beliebten Poesiealben ausgetauscht, die obligatorisch mit weisen Sprüchen, Gedichten, Wünschen und kitschigen Aufklebern verziert wurden.

Nicht ungefährlich, wenn wir auf dem Weg zur Schule eine Hauptstraße überqueren mussten.

Der Schulweg

Der Weg zur Schule war für einige von uns lang. Und alleine schon wegen des hohen Verkehrsaufkommens nicht angenehm. Für die kostenlose Busbeförderung zur Schule galt damals die „Zwei-Kilometer-Regel", in der Ebene kein Problem. Aufgrund der steilen Hügel, die es in Wiesbaden vielerorts zu überwinden galt, war die Strecke aber in den heißen Sommermonaten eine schweißtreibende Angelegenheit. Zumindest im Herbst verkürzte uns das Sammeln von Kastanien, die unsere Mütter irgendwann verschimmelt aus unseren Taschen und Ranzen fischten und das Knabbern der aufgelesenen Bucheckern den Marsch. Lästig blieben vor allem die stinkenden Abgase der vielen Autos und die schwarzen Rußwolken der Busse, die an uns vorbeiratterten. Deshalb nahmen wir oft einen Umweg über Nebenstraßen in Kauf, in denen es in den Mittagsstunden wenigstens herrlich nach Mittagessen duftete: Aufläufe, Spaghetti, Bratwurst, Frikadellen, Mehlspeisen am Donnerstag, Fisch am Freitag, Eintopf und frischen Wochenendkuchen am Samstag. Angespornt durch die Aussicht auf die heimische Kost beschleunigten wir dann mit knurrenden Mägen unsere Schritte.

Jede Menge Verkehr

Obwohl sich beileibe nicht alle Familien ein Auto leisten konnten, war bereits 1960 das Straßennetz von Wiesbaden total überlastet. 37 000 Fahrzeuge waren in der Kurstadt angemeldet. Verzweifelt versuchten Stadt und Land der Verkehrsflut durch den Bau neuer Straßen und den Einsatz von Ampelanlagen Herr zu werden. Ersteres dauerten lange und verursachte weitere Staus, letzteres sogar Chaos, hatten doch zuvor Polizisten an den Kreuzungen den Verkehr geregelt. Autofahrer und Fußgänger ignorierten sogar 1960 die Ampel in der Rheinstraße. 1966 waren in Wiesbaden bereits 110 000 Fahrzeuge registriert. Besonders schlimm war die Verkehrsbelastung in der Innenstadt, wo man schon 1961 nicht mehr bei offenem Fenster schlafen konnte. Die Technische Hochschule Zürich übernahm daher im gleichen Jahr die Verkehrsplanung für Wiesbaden.
Mit dem Bau der Hochbrücke an der Schwalbacher Straße (1965 für 12 Millionen Mark geplant und 1972 feierlich [und bunt] eingeweiht) sollte dann nicht nur ein problematischer Verkehrsknotenpunkt entschärft, sondern auch so etwas wie „amerikanische Großstadtatmosphäre" in Wiesbaden geschaffen werden.

Bei der Verkehrserziehung ...

Verkehrserziehung

Angesichts der hohen Verkehrsbelastung wurde die Verkehrserziehung schon Anfang der 60er-Jahre groß geschrieben. 1960 wurden dafür alleine 2495 Unterrichtsstunden verwendet und in 626 Stunden 93 Filme vorgeführt. Außerdem sorgten in der Stadt 75 Schülerlotsen für die sichere Überquerung der viel befahrenen Straßen. Dennoch kam es jedes Jahr zu Hunderten von Unfällen. Besonders betroffen waren die kleineren Kindern. 1966 wurden 173 im Straßenverkehr leicht verletzt, 83 schwer, zwei wurden sogar getötet. Während die Stadt an die Sorgfaltspflicht der Eltern appellierte, die ihre Kinder an die Hand nehmen und „vernünftig sein sollen", baute sie gleichzeitig den „ersten, überdachten Verkehrskindergarten der Welt", so der Erbauer. Im Provisorium des Kaufhauses Horten am Platz der Deutschen Einheit wurde die Einrichtung am 15. Oktober

1968 eröffnet. „Als Anregung wird er weltweites Aufsehen erregen", glaubten die Stadtväter damals. 1973 wurde eine zweite Schule auf dem Dach des Hauses eingeweiht.

Für uns Nutzer (monatlich kamen 3800 Kinder) ab der vierten Klasse war die nun „Jugendverkehrsschule" genannte Einrichtung jedenfalls eine Sensation. Mit kleinen Fahrrädern, Gokarts und Rollern fuhren wir unter den wachsamen Augen eines Polizisten über Kreuzungen und durch Einbahnstraßen, hielten brav an Stoppstraßen oder den winzigen Ampeln an. Die Regeln hatten wir zuvor im Unterricht gelernt. Den Fahrradführerschein zu erlangen, war nicht nur Ehrensache, sondern zuweilen auch die Eintrittskarte, um mit den älteren Brüdern auf Radtour gehen zu dürfen. Abschüssige Schotterwege ohne zu bremsen hinabzurasen, gehörte außerdem zu den gängigsten Mutproben, die es zu bestehen galt, bevor es mit ihnen über Trampelpfade in den Tälern, oder auf den vielen Wegen an den Stadträndern auf Entdeckungsreise ging.

... übten wir das richtige Verhalten im Straßenverkehr.

Am Wochenende ins Grüne

Frühestens am Freitagnachmittag und spätestens am Samstagvormittag ratterten und knatterten vielstimmig die Rasenmäher durch die Gärten und hüllten die Häuser und ihre Bewohner in ein herrliches Duftgemisch aus Benzin und frisch geschnittenem Gras.

Sonntags ging es dann nach einem üppigen Mittagsmahl zum gemeinsamen Familienausflug, dem wir mit gemischten Gefühlen entgegensahen. Wenn wir Glück hatten, ging es auf die stählerne Eisenbahnbrücke von Gustavsburg beim Mainzer Stadtpark, auf der ohrenbetäubend stampfend lange Züge über den Rhein ratterten oder gar an das Ende der Startbahn des Frankfurter Flughafens (was nicht weniger aufregend und laut war), in die Fasanerie zum Wölfe- und Rehe-Suchen, zum „Hoch- oder Niedrigwasser-Anschauen" an den Rhein, Entenfüttern an den Kurparkweihern oder Pony-Reiten im Bierstädter Wolfsfeld. Gerne gingen wir in den Hauptbahnhof, wo wir nicht nur mit Fernweh die abfahrenden Züge beobachteten, sondern auch für einen Groschen Modellzüge fahren lassen konnten.

Bevorzugt fuhren wir zudem auf die Platte. Nur mühsam quälten sich dann die Autos die lang gezogenen Kurven hinauf auf den 500 Meter hoch gelegenen Gipfel des Berges. Dass die dort stehenden Mauerreste Teil des 1823 von Herzog Wilhelm von Nassau gebauten Jagdschlosses sind, das 1945 den Bomben zum Opfer fiel und seitdem als Ruine und politischer Zankapfel (Abriss oder Hotel oder Erholungszentrum oder Wohnungen oder ...) vor sich hinbröckelte, interessierte uns freilich weniger. Denn gleich gegenüber befin-

Das Phantasialand in Köln wurde 1967 eröffnet und durfte wenigstens einmal in einer Kindheit besucht werden.

det sich eine der bekanntesten Mini-Golf-Anlagen von Wiesbaden. Geduld brauchte es allerdings schon, dort spielen zu können, denn halb Wiesbaden – so schien es uns – hatte die gleiche Idee. War die Warteschlange zu lang, suchten wir ab 1973 Trost auf dem benachbarten Spielplatz, der endlich mal nicht aus kalten, rutschigen Metallstangen, sondern aus einem hölzernen Fort und einer 50 Meter langen Seilrutschbahn bestand.

Ein ganz besonderes Erlebnis war der Besuch im Phantasialand in Köln – wir sprachen anschließend tagelang von nichts anderem mehr.

Hatte der Vater die Spendierhosen an, ging es ab und zu am Sonntagabend in ein Lokal, wie das unter dem Turm des Schläferskopfs, einem der beliebtesten Ausflugsziele der Wiesbadener. Zwar durften wir dort nur aus den billigen Speisen wählen (das verlangte die anerzogene Bescheidenheit, außerdem war Geld damals überall knapp), dennoch waren selbst belegte Brote außerhalb der heimischen Küche für uns eine Sensation.

Aus den Kleidern rausgewachsen

Sobald sich der Frühling ankündigte, was er in Wiesbaden mit einem unvergleichlichen, herrlich bunten und duftenden Blütenteppich in den Parkanlagen tut, war nicht nur der Frühjahrsputz angesagt, sondern auch eine für die Kinder besonders spannende Aktion: Die jährliche Anprobe der Sommerkleider vom vergangenen Jahr. Mensch, waren wir stolz, wenn die Blusen, Hemden, Hosen und Sandalen zu klein geworden waren! Diese Freude teilte die Mutter nicht. Zu unserem Leidwesen versuchte sie oft, mit bunten Borten die Hosen zu verlängern und uns mit Engelszunge die Kleidung der älteren Geschwister schmackhaft zu machen. Meist half aber alles nichts, wir mussten zum Kleiderkauf in die Stadt. Wer nicht direkt in der Innenstadt wohnte, kam nicht allzu oft dorthin. Meist gingen die Mütter am Vormittag alleine in die Stadt. Zum Trost bekamen wir meist eine Kleinigkeit mitgebracht.

Gemeinsam mit der Mutter in die „City", wie sie sich in den 70ern großspurig nannte, zu gehen, war deshalb etwas ganz Besonderes. Schon auf dem Parkplatz gab es Streit, wer den Groschen in die Parkuhr stecken durfte? Seit 1956 gab es die „Groschengräber", wie die Parkometer auch genannt wurden, in ihrer Hochzeit waren es fast 800 an der Zahl. 30 Pfennige kostete 1965 die Stunde und da die Parkzeit begrenzt war, die Einkäufe aber so schnell nicht zu erledigen waren, mussten wir oft zwischendurch nachzahlen. Schließlich wachten ab August 1967 die ersten Politessen über den ruhenden Verkehr.

Anfang der 70er-Jahre todschick: gebatikte Kleidung – leider wuchsen wir viel zu schnell raus.

Hertie, Karstadt, Horten und natürlich der Gerich waren DIE großen Kaufhäuser, später kam C&A hinzu. Das Angebot in den Geschäften war für uns überwältigend groß und rasch waren wir das Anprobieren leid. Wir quengelten dann so lange, bis unsere entnervte Mutter mit uns zur Eisdiele Casal an der Ecke Rheinstraße ging. Zehn Pfennig kostete anfangs eine Kugel Eis, doch auch als im Laufe der Jahre der Preis stieg, war der Besuch der Eisdiele und der Kauf wenigstens einer der köstlichen kalten Kugeln ein Muss.

Schon kurz nach der Eröffnung der Fußgängerzone in der Langgasse wetteiferten die Geschäfte mit Auslagen, Tischen und Stühlen, dass manchmal kaum ein Durchkommen war.

1978 konnte der Mauritiusplatz noch mit dem Auto angefahren werden. Später durften das nur noch Taxis, und erst viel später wurde der Platz gänzlich für den Verkehr gesperrt.

Die lange Geschichte der Fußgängerzone

An den vier verkaufsoffenen Samstagen vor Weihnachten im Jahr 1960 wurde erstmals die Kirchgasse für den Verkehr gesperrt. Das Ergebnis war ein absolutes Verkehrschaos. Dennoch entschlossen sich die Stadtväter, bis Ende 1962 ein Gutachten über eine Fußgängerzone erstellen zu lassen. Allerdings sollte es noch bis 1965 dauern, bis probeweise die Kirchgasse und die Faulbrunnenstraße zumindest zwischen 11 und 19 Uhr für den Verkehr gesperrt werden konnte. Ganze sieben Jahre später wurden die Pläne für eine Fußgängerzone umgesetzt. Am 7. Juni 1972 wurde ein Teil der Kirchgasse (zwischen Mauritiusplatz und Marktstraße) für Autos gesperrt, einen Monat später kam die Langgasse dazu. Die Autofahrer zeigten jedoch wenig Einsicht, immer wieder rasten sie trotz des Verbots über ihren gewohnten Verkehrsweg. Ihr Protest half nichts: Im August 1975 legte der Oberbürgermeister den Grundstein für eine autofreie Innenstadt. Sechseckige Gehwegplatten wurden verlegt, 1976 die ersten Bäume gepflanzt. An allen Ecken und Enden sprossen jetzt Straßencafés aus dem Boden. Die Wiesbadener Fußgängerzone, die auf den Schlossplatz ausgeweitet worden war, wurde zur „guten Stube" der Stadt, mit der Folge, dass die Mieten der Läden drastisch stiegen und allein 1974 34 der 234 Einzelhandelsbetriebe schließen und großen Konzernen Platz machen mussten.

Zeugnisse und der Wechsel in die höhere Schule

Zeugnisse waren ein notwendiges Übel, die Versetzung wurde aber wenigstens gebührend belohnt. Mit ein paar Mark Zeugnisgeld, einem Besuch in der Eisdiele, im Traditionscafé Maldaner oder mit einem Essen in unserem Lieblingsrestaurant, für uns Kinder damals die Kantine im Hertie. Mit dem Tablett an den langen Theken entlangzuschlendern und all die Köstlichkeiten mit den Augen zu probieren, die Qual der Wahl zu haben, das war toll.

Der Übertritt in die höhere Schule war früher unspektakulär. Die Frage nach der Schulform stellte sich bei den wenigsten, meist entschieden – neben den Noten – die Eltern, ob das Kind ins Gymnasium oder die neu in Bierstadt eröffnete Gesamtschule mit den damals revolutionären A- und B-Klassen, in eine Real- oder Hauptschule gehen sollte. Der Wechsel aus der gewohnten, geschützten Umgebung, in der wir „die Großen" waren in die neue Schule, wo wir wieder zu den „Babys" gehörten, war für uns persönlich dennoch ein großer Schritt. Nicht nur wegen der riesig erscheinenden Schulgebäude, plötzlich wurde uns auch weit mehr Selbstständigkeit und Verantwortung abverlangt, und uns wurde bewusst, dass die unbeschwerte Kindheit dem Ende zuging.
Die Mitschüler kamen aus ganz Wiesbaden und Umgebung. Viele mussten lange mit dem Bus aus den Vororten anfahren.

Nachdem in Freudenberg die Wohnsiedlungen hochgezogen worden waren und Hunderte von schulpflichtige Kinder einzogen, wurde die Joseph-von-Eichendorff-Schule (Aufnahme von 1970) gebaut.

Unterwegs mit dem Bus

Busfahren war in Wiesbaden in den 60er- und 70er-Jahren so eine Sache. Teure Tarife und schlechte Verbindungen sowie Taktzeiten ärgerten die Nutzer genauso wie den Betreiber, die Stadtwerke, die ständig sinkende Zahl der Nutzer. Besonders Hausfrauen und Schüler waren aber auf den öffentlichen Nahverkehr angewiesen. Nachdem sich die Fahrkarte für Kinder um 50 Prozent, auf 30 Pfennige, erhöht hatte, protestierten 1965 die Schüler gegen die Fahrpreiserhöhung und boykottierten für ein paar Tage den Bus. Besonders ärgerte die Pendler, dass die teuren Busse nur im Schneckentempo vorankamen. 1968 wurden daher Sonderspuren beschlossen und peu à peu umgesetzt.

Trotz der Einsparung wurde das Busfahren fast jährlich teurer. Vom Schulamt bezahlt wurden die Fahrten lediglich für die Kinder, die weiter als zwei Kilometer entfernt von der Schule wohnten. 12 000 von etwa 45 000 Schülern mussten 1978 mit dem Bus zur Schule fahren. Ein Fahrschein berechtigte Kinder aber lange nicht, in einem der 174 Standard- und 16 Gelenkbussen auch sitzen zu dürfen. „Wohlerzogene Kinder geben ihren Sitzplatz freiwillig auf, wenn Erwachsene stehen müssen", stand bis 1970 auf den Fahrscheinen. Später appellierten Sprüche wie „Junge Beine stehen fester" an die Jugend.

Teure Tarife, schlechte Verbindungen – Busfahren in Wiesbaden in den 60er- und 70er-Jahren.

Antiautoritäre Erziehung

1970 fiel der offizielle Startschuss der antiautoritären Erziehung in Wiesbaden. 25 Familien hatten in diesem Jahr einen „Antipädagogischen Club" gegründet. In ihrem Kinderhaus entwickelten sie nicht nur ein „theoretisches Konzept negativer Pädagogik", sondern begannen auch, ihre Kinder nicht mehr zu erziehen. Um dem von den neuen Strömungen verunsicherten übrigen Rest an Eltern zu helfen, gründeten im gleichen Jahr die katholische und evangelische Mütterschule Gesprächskreise, und hielten Seminare und Arbeitskreise zum Thema ab, wie Eltern und Kinder die neue Freiheit lernen konnten. So richtig konsequent führten die antiautoritären Grundsätze nur wenige Eltern durch. Besonders tat sich der bekannte Publizist und selbst ernannte Begründer der Antipädagogik, Ekkehard von Braunmühl, in Wiesbaden hervor. So forderte er als Mitglied des Kinderschutzbundes im Jahr des Kindes 1979 die Abschaffung der Lernpflicht, da Kinder nicht freiwillig lernen würden und man niemanden dazu zwingen dürfe. Schule bezeichnete er als „Freiheitsberaubung" und „Stressanstalten". Seiner Meinung nach sollten sich Kinder in Lernzentren selbst aussuchen, was sie lernen wollen. Im Februar 1980 ging er als Sprecher des Förderkreises „Freundschaft mit Kindern", des Vereins „Erziehung – nein danke" noch einen Schritt weiter: Mit einer öffentlichen Schulzeugnisverbrennung auf dem Mauritiusplatz. Die Aktion war zwar von der Behörde verboten worden, unterstrich jedoch die Forderung von Braunmühls nach der „Beendigung des Erziehungskrieges und menschenunwürdigem Lernen". Seiner Meinung nach stellten Zensuren und Zeugnisse besondere drastische Erziehungswaffen und Bestandteile eines kranken und krank machenden Schulwesens dar.

Wie wir den Unterricht verkürzten

Unsere Lehrer waren entweder schon kurz vor der Pension oder frisch von der Universität. Entsprechend unterschiedlich waren die Unterrichtsformen. Während die einen stocksteif vor der Tafel standen, eiserne Disziplin verlangten und uns mit Strafen in Angst und Schrecken versetzten, waren die anderen liberal, hockten entspannt auf dem Lehrerpult, waren für private Gespräche offen, ließen uns Pullis und Stulpen während des Unterrichts stricken und luden uns zu sich nach Hause ein. Sie setzten sich für uns ein und wir gingen für sie zuweilen auf die Straße. Denn mit dem Ende der 60er-Jahre begann die Zeit der Demonstrationen, die sich hauptsächlich gegen die unerschöpflichen Gedanken-Kapriolen des hessischen Kultusministeriums wandten.

Natürlich gab es auch andere Gründe in der Landeshauptstadt marschierenderweise seinen Unmut kundzutun: gegen den Vietnamkrieg (ab 1965), gegen Fluglärm (1971), für Solidarität mit dem chilenischen Volk (1973), gegen die M.E.D.E. (militärisch-elektronische Ausstellung) oder gegen die Startbahn-West (1980).

Der durch den Lehrermangel bedingte Unterrichtsausfall kümmerte uns weniger. Im Gegenteil, die Stundenzahl an den sechs (!) Schultagen reichte uns völlig aus (dabei fielen allein 1974 in den Wiesbadener Gymnasien insgesamt 995 Stunden aus). Anders war es mit den Schulmaterialien und der -ausstattung. Die Bücher waren uralt, speckig und zerfleddert, viele Schultische hatten noch Tintenfässer und ganze Generationen von Schülern hatten sich auf den Holzplatten verewigt. Es bedurfte Jahre ständigen Protestes, Drohungen und Streiks seitens der Eltern, Schüler und Lehrer, bis die lang ersehnten Renovierungen und Sanierungen, An- und Umbauten endlich realisiert wurden.

Schüler und Studenten demonstrierten 1975 auf dem Luisenplatz gegen den Numerus Clausus.

Die Ölkrise

Waren das Zeiten, als 1960 das Benzin zwischen 59 und 66 Pfennige kostete. Und was war das für ein Aufruhr, als die Preise in der ersten Ölkrise 1973 auf knapp eine Mark stiegen. Flugs wurden im November autofreie Sonntage eingerichtet, bei denen wir auf der Autobahn spazieren gehen konnten, und in den Betrieben die Fünf-Tage-Woche eingeführt. Die städtischen Treibhäuser heizten auf Sparflamme, Kunststofftüten wurden in den Kaufhäusern knapp. Trotz höherer Preise führte die zweite Ölkrise 1979, als das Benzin auf 1,14 Mark stieg, zu weit weniger Aufregung. Zwar kam es zu Benzindiebstählen und die Schwimmbäder wurden nicht mehr beheizt, der freiwillige Verzicht auf das Auto blieb jedoch ohne Resonanz.

Zusätzliche freie Tage gab es noch durch andere Ereignisse: Wegen der Ölkrise 1973 wurden die Weihnachtsferien verlängert, im Februar 1974 streikten die Busfahrer und Hausmeister und am 23. Juni 1980 führte die „Tour de France" durch Wiesbaden.
Beliebt, um den Unterricht zu verkürzen, war bei „Scherzbolden" die Bombendrohung, die angesichts der tatsächlichen Bedrohungen durch Terroristen in den 70er-Jahren immer ernst genommen werden musste. Erwischen lassen durfte sich keiner bei so etwas, die Strafen waren empfindlich hoch.

Terror

Wegen Terroralarms kreisten Anfang der 70er-Jahre Hubschrauber über dem Neroberg.

Mit dem Jahr 1970 griff der Terror auf die Kurstadt über. Anfangs waren es nur Bombendrohungen, die die Polizeibeamten alarmierten, ab 1972 wurde es dann ernster: Im Juni fanden in Wiesbaden die ersten Straßenkontrollen auf der Suche nach der Baader-Meinhof-Bande statt. Über dem Neroberg kreisten ständig Hubschrauber und das BKA wurde nach den Terrorakten in München, Karlsruhe, Heidelberg und Hamburg bewacht wie eine Festung. Immer wieder gingen Bombendrohungen ein, bis sie ab 1975 in die Tat umgesetzt wurden: Im Juni wurde ein Anschlag auf das US-Militär verübt, im Januar 1976 konnte in letzter Sekunde eine Bombe in einem Schließfach des Hauptbahnhofes entschärft werden. Im August des gleichen Jahres fand in der Stadt eine Großfahndung nach den Mördern des Bankiers Jürgen Ponto statt, nur einen Monat darauf wurde die Rettbergsau nach den Entführern des Arbeitgeberpräsidenten Hanns-Martin Schleyer durchkämmt. Im Oktober ging es dann erst richtig zur Sache: In einer groß angelegten Polizeiaktion wurden in der Emserstraße sechs Bewohner als mutmaßliche Terroristen festgenommen. Die ausgelöste Großfahndung nach den Mördern von Schleyer war in der Stadt zu sehen: Polizisten mit Maschinenpistolen bewachten das Landtagsgebäude, das Polizeipräsidium und andere wichtige Häuser der Stadt. Überall wurden Kontrollen durchgeführt, die Bewohner mit Lautsprecherdurchsagen um Hinweise gebeten. Fotos der Gesuchten und Gegenstände bekamen wir auf der Straße in die Hand gedrückt oder in den Briefkasten geworfen.

Im März 1978 erschütterte dann eine Bombenexplosion das ESWE-Haus. Um zwei Uhr morgens war ein Sprengsatz in einer Zigarrenkiste explodiert. Die „Revolutionäre Zellen" bekannten sich zu dem Anschlag. Im September entdeckten Polizisten bei einer alten Frau Waffen und Sprengstoffe, die Sympathisanten der Terroristen dort versteckt hatten.

1980 wurden schließlich die Töchter des in Wiesbaden beheimateten Journalisten Dieter Kronzucker entführt und nach zwei Monaten im Oktober wieder freigelassen. Die beiden Mädchen waren Schülerinnen des Gutenberg-Gymnasiums.

Im Krankenhaus

Wer in den 60er- und 70er-Jahren ins Städtische Krankenhaus musste, der erinnert sich sicher an dicke rote Backsteinmauern, Gitter vor den Fenstern und Krankenschwestern mit weißen Häubchen, die kaum deutsch konnten (wegen Schwesternmangels wurden überwiegend aus asiatischen Ländern Hilfskräfte angeworben). Sechs bis acht Patienten teilten sich ein Zimmer, die Toilette war irgendwo am Ende das langen Ganges. Blecherne Waschschüsseln und schlechtes Essen gehörten ebenfalls zum Krankenhausaufenthalt: Man kam sich vor wie in einer schlechten Jugendherberge! Nur einmal am Tag durften uns Eltern und Geschwister für eine Stunde besuchen und mit Spielsachen und Naschereien trösten.

Die Raumnot sowie die antiquierten Zustände im Klinikum sollten mit einem bereits 1960 geplanten Neubau gelindert werden, der jedoch erst nach langen Standort- und Finanzierungsdiskussionen 1976 im Schelmengraben realisiert wurde.

Eine der größten Wohnungsbaustellen der Stadt war um 1970 der Schelmengraben.

Einschüchternd wirkten nicht nur auf die Kranken, sondern auch auf die Gesunden, die riesigen Häuserblöcke der Städtischen Kliniken. Mangels Platz und Modernisierungsmöglichkeiten wurden sie in den Schelmengraben verlegt. Das Richtfest war 1979.

Großes Aufsehen erregte 1966 der Plan, in Wiesbaden nach dem Vorbild der amerikanischen Mayoklinik eine Klinik für Diagnostik, die erste und einzige in ganz Europa, zu bauen. 1967 begann der Straßenbau im Aukammtal, ein Jahr darauf fand die Grundsteinlegung und ein langes Baulärm-Leiden der 516 Familien in dem jungen Wohngebiet statt. 1970 wurde die Deutsche Klinik für Diagnostik feierlich eröffnet. Und damit ein exotisches Kapitel der Stadt. Denn mit der Klinik kamen die reichen Scheichs mit ihrem umfangreichen Gefolge nach Wiesbaden, die in Wiesbaden fortan, umsorgt von den Fachärzten, ihre diversen Wehwehchen auskurierten. Der Anblick hochgewachsener, in weiße und farbige Gewänder bekleideter Männer und verhüllter Frauen, die in Plastiktüten Unsummen von Geldscheinen von Geschäft zu Geschäft schleppten und Wagenladungen Schmuck, Gemälde und sonstiges einkauften, gehörte fortan zu unserem Straßenbild.

Gesundheit!

Neben Massenimpfungen (ab 1967 Polio) und TBC-Untersuchungen im mobilen Röntgenbus (1966) wurde auch in den weiterführenden Schulen nicht die Gesundheitsvorsorge vergessen. Alle paar Jahre kam eine Ärztin des Gesundheitsamtes, um unseren Impfstatus abzufragen und den Mädchen bei Bedarf eine Rötelimpfung zu verpassen. Und einmal im Jahr standen wir in Reih und Glied vor einer kleinen Kammer, in der ein Zahnarzt auf uns wartete. Als ob die regelmäßi-

In den Schulpausen blieb es nicht bei Zigaretten. Manchmal wurde auch ein Joint geraucht.

gen Besuche zweimal im Jahr bei unserem Dentisten nicht schon ausgereicht hätten, der unsere Zähne mit seinem kratzenden Bohrer (ohne Betäubung natürlich) erbarmungslos bearbeitete und mit Amalgam versorgte (das wir später meist irgendwann im Kaugummi wiederfanden). Und wie peinlich war das, wenn der Schulzahnarzt uns einen Zettel mitgab, auf dem wieder ein neues Loch verzeichnet war!

Nichts desto trotz gingen viele Schüler mit ihrer Gesundheit nicht besonders pfleglich um. In den Toiletten wurde in den Pausen so stark geraucht, dass man kaum die Hand vor den Augen sah (wobei das bei dem Zustand der Anlagen manchmal besser war). Viele Schüler fingen mit der Qualmerei im Alter von zwölf Jahren an. Erleichtert wurde dies durch die Probepackungen verschiedener Marken, die sich immer wieder im heimischen Briefkasten fanden. 1973 wurde geschätzt, dass 70 von 100 Schülern rauchen, zum Teil mehr als 30 Zigaretten in der Woche.

Spätestens in der Oberstufe (1972 wurden bereits 12-Jährige erwischt) wurde zwischen den Spinds und in dunklen Ecken gekifft.

Um die Moral war es in der Schule außerdem nicht gut bestellt, so sahen es zumindest die Eltern und Lehrer: die Mädchen begannen sich Ende der 60er-Jahre reizvoller anzuziehen – Stichwort „Mini-Rock"). Außerdem stellten die Lehrer ab 1970 bei Kontrollen zentnerweise Pornohefte bei den Schülern sicher. Zudem mussten sie (vor allem in den Sommermonaten) immer mehr Schulschwänzer ins Klassenbuch eintragen: 20 Prozent der Schüler fehlten im Schnitt, 80 Prozent hatten noch nicht einmal eine Entschuldigung der Eltern vorzuweisen.

Chronik

1970
April: Ein Baugerüst stürzt quer über die Fahrbahn der Bahnhofstraße.

Juni: Der 10. Hessentag wir mit Singen und Musizieren in Wiesbaden gefeiert.

1971
Februar: Einer der zwei neuen Wölfe für die Fasanerie läuft weg. 200 Polizisten und Feuerwehrmänner fangen ihn nach Stunden wieder ein.

April: Der neu gestaltete Mauritiusplatz wird eröffnet.

1972
Juli: In der Langgasse wird beim Bau eines Kaufhauses ein römisches Kellergewölbe entdeckt.

September: In der Friedrichstraße wird ein neues Jugendzentrum eröffnet.

1973
Juli: 150 Kinder dürfen sechs graue Stadtbusse anmalen.

1974
Mai: Der Rücktritt des Bundeskanzlers Willy Brandt erschreckt die Wiesbadener so sehr, dass sie in Unterschriftenlisten ihr Bedauern ausdrücken.

1975
April: Die neue Hauptpost am Bahnhof wird eröffnet.

Juni: Endlich gelingt der Storchennachwuchs: vier Störche erstmals seit 1972 wieder in Schierstein.

Die Sache
mit dem Sex

Die sexuelle Revolution, die 1968 mit der Mini-Mode (auf der Wilhelmstraße verursachte die erste Trägerin gleich einen Stau) und der Anti-Baby-Pille eingeleitet wurde, ging an uns Kindern und Jugendlichen natürlich nicht unbemerkt vorüber.

Die als Aufklärungsfilme getarnten Pornostreifen im Kino, die anfangs in großen und unzensierten Anzeigen in den Tageszeitungen angekündigt wurden, erregten unsere Aufmerksamkeit genauso, wie das erste „Fachgeschäft für Ehehygiene", das im Juni 1970 in Wiesbaden aufmachte, wobei die Jüngeren unter uns eigentlich gar nicht so recht wussten, worum es hier ging.

Obwohl Sexualkundeunterricht schon 1967 verbindlich im Lehrplan eingefügt worden war, drückten sich doch die allermeisten Lehrer um dieses Thema erfolgreich herum – genauso wie der Großteil der Eltern. Aufklären mussten wir uns daher selbst, was uns durch die oben erwähnten Anzeigen, Geschäfte, Bordelle und Peepshows (die natürlich nur unauffällig aus den Augenwinkeln im Vorübergehen angeschaut wurden) sowie mit Hilfe einer unerschöpflichen Vielfalt seriös geltender Zeitschriften, die sich nur mehr dem „Einen" Thema zu widmen schienen, wesentlich erleichtert wurde.

Nicht zu vergessen die von Eltern und Lehrern verpönte „Bravo", die in den 70er-Jahren einen wahren Boom erlebte. Dr. Sommers Sexualberatung und Co. lasen wir natürlich „nur" zu rein wissenschaftlichen Zwecken, mussten wir doch die Zeitschrift gleich zweimal im Deutschunterricht auf ihre schädigenden Auswirkungen hinsichtlich der deutschen Sprache und Kultur und Moral untersuchen (was uns wenigstens zwei mit reinem Gewissen erworbene Ausgaben bescherte).

Großer Jubel 1974: Deutschland ist Fußball-Weltmeister.

Die WM 1974

Der Sieg der deutschen Fußballer bei der WM 1974 in Deutschland wurde in Wiesbaden groß gefeiert. Schon beim Endspiel am 7. Juli waren die Straßen verwaist, die Busfahrer fuhren alleine ihre Strecken, die Kinos waren leer. Sogar im Gefängnis standen Fernseher, der Stromverbrauch stieg in der Stadt in den 90 Minuten um zwei Millionen Watt an. Zwei Tage nach dem Sieg gegen Holland wurden die Weltmeister in Wiesbaden begeistert empfangen. Wir waren natürlich dabei, stammte doch der Stürmer Jürgen Grabowski aus Wiesbaden-Biebrich und Bundestrainer Helmut Schön hatte nicht nur seine Trainerkarriere beim SV Wiesbaden in den 50er-Jahren gestartet, sondern auch die Kurstadt als Wahlheimat erkoren.

Ganz schön sportlich

Volkssport Nummer eins war der Fußball. Ob Mädchen oder Junge, alle rannten dem runden Leder hinterher, jedes freie Fleckchen wurde zum Kicken genutzt. Zu den wichtigsten Nachrichten Anfang der 60er-Jahre gehörten die Wochenendergebnisse des SV Wiesbaden, der es mit seinen ständig stark schwankenden Ergebnissen stets spannend machte. 1966 und 1967 wurde er sogar Deutscher Vize-Amateurmeister. Dann ging es mit ihm sportlich und finanziell zwar stark bergab, dafür sorgten die Erfolge der Nationalmannschaft für das rechte Fußballfieber bei der Jugend, die die Vereine stürmten und sich auf den staubigen roten Hartplätzen blutig schrammten. Sogar in der Schule durften wir in den Pausen Fußball spie-

Fußball spielen war die Hauptbeschäftigung der Jungen. Jedes Wochenende ging es auf den Platz. Hier: die C-Jugend-Mannschaft des SV Wiesbaden nach Erringung des Kreispokals 1975/76.

len, wenn es auch bei manchen Lehrern nicht gern gesehen war und nicht selten die Bälle konfisziert wurden.

Die allermeisten Kinder waren in Vereinen. Und so wurde der Samstagnachmittag auf Fußball- und sonstigen Plätzen, in Handball- und Schwimmhallen verbracht. Denn Handball und Schwimmen, vor allem aber Hockey und Golf waren weitere Sportarten, mit denen die Wiesbadener Vereine auftrumpfen konnten. Und natürlich Tennis. Diese Sportart war in Wiesbaden aufgrund sehr hoher Aufnahme- und Jahresgebühren für die meisten Familien aber unerschwinglich (in den Vereinen der Vororte war es etwas billiger).

Bis auf den letzten Platz besetzt war das Stadion bei den Spielen der „Großen". Die „Kleinen" durften zuweilen vor dem großen Publikum das Vorspiel bestreiten wie hier vor der Begegnung mit dem FC Bayern München.

Mode und Job

Immer wichtiger wurde in den 70er-Jahren die Frage der modischen Klamotten und Frisuren. Während sich die Jungen darüber wenig Gedanken machen mussten (sie trugen oft von der 1. bis zur 13. Klasse die gleiche Haartracht), wechselten die meisten Mädchen mindestens einmal im Jahr ihre Frisur. Die Anfang der 60er-Jahre zu hohen Türmen auftoupierten Frisuren der älteren Mädchen verwandelten sich im Laufe der Zeit zu Pagenkopf oder Rundschnitt à la Mireille Mathieu, bis Ende der 70er-Jahre sogar freche Kurzhaarschnitte (Stichwort: Popper), leichte Dauerwellen und extravagante Farben erlaubt waren.

Am wichtigsten war natürlich die Kleidung: Schweißtreibende Marken-Turnschuhe im Basketball-Look, spitze, möglichst original Buffalo-Boots (mit Eisen am Absatz und Sporen an der Ferse), hölzerne Clogs, knallenge Röhren- (die uns die Luft abdrückten) und Karottenjeans (selbstverständlich von Levi's), Bundfalten- und Schlaghosen, „Fruit of the loom"-Sweatshirts (aber mit V-Ausschnitt), Lacoste-Polo-Shirts in allen Farben, Bomber- und Collegejacken mit möglichst vielen Aufnähern, rote und schwarze Palästinenser-Tücher, Stulpen an Beinen und Armen: Die Modevielfalt war groß und die Trends wechselten zum Teil mehrfach innerhalb einer Saison. Da galt es mitzuhalten, um in der Klasse nicht ausgegrenzt zu werden, was angesichts knapper finanzieller Möglichkeiten gar nicht einfach war. Auch aus diesem Grund begannen wir spätestens vom 13. Lebensjahr zu jobben, hüteten die Kinder bei den Nachbarn, trugen Zeitungen aus und arbeiteten bei den amerikanischen Schnellimbissket-

Schulausflüge

Um Wandertage kamen wir in der Schulzeit nicht herum, auch wenn wenigstens einer, der am Faschingsdienstag, mit Genehmigung der Schulleitung in eine Faschingsparty umgewandelt werden durfte. Im Laufe der Jahre schnallten wir aber dann doch lieber den Rucksack an als uns in albernen Kostümen im Klassenzimmer Konfetti über die Köpfe zu schütten. Mit Rucksack, Bratwurst und Feuerzeug ging es meistens Richtung Rabengrund, entlang den Indianer- und Kletterfelsen (wo schon Anfang der 60er-Jahre Indianergruppen ihre Feste feierten), vorbei an der Räuber-Leichtweiß-Höhle, bergauf und bergab, entweder bei sengender Hitze, meist aber im leichten Nieselregen auf matschigen, glitschigen Wegen. An ausgewiesenen Grillplätzen packten wir dann unser Grillgut aus, um nach etwa einer Stunde der vergeblichen Versuche, ein ordentliches Feuer zu entfachen, die Würste halbroh, kalt und allenfalls schwarz vor Ruß in unsere hungrigen Mägen zu stopfen und so schnell wie möglich wieder den Heimweg anzutreten.

Spannend waren dagegen Besuche des ZDF-Studios „Unter den Eichen", wo wir nach langer Anmeldung – und meist mit „Vitamin B" – die Gelegenheit bekamen, Live bei der „Drehscheibe" dabei zu sein. Howard Carpendale und andere Prominente in der Kantine zu treffen und einen Blick hinter die geheimnisvollen Kulissen zu werfen, beeindruckte uns alle.

Ohne sein Mokick fuhr der große Bruder nicht in den Urlaub. Der Jüngere durfte hier aber auch seine ersten Fahrversuche machen.

ten, die Ende der 70er in Wiesbaden auftauchten. Für uns bedeutete das erste selbstverdiente Geld einen Riesenschritt Richtung Erwachsenenleben und vor allem in eine bis dato unbekannte Unabhängigkeit. Mit dem Obolus konnten wir uns jetzt nicht nur das eine oder andere modische Klimbim, einen außerplanmäßigen Hamburger, Eisbecher oder eine neue Schallplatte leisten, sondern auch das lang ersehnte Mokick oder Mofa unterhalten. Auch der Eintritt in eine Diskothek war jetzt drin. Oder wir konnten beim 1977 spektakulär eröffneten Ikea (überall in der Stadt wurden damals Ikea-Pfennige verteilt, die gesammelt und eingelöst werden konnten) unsere 0815-Zimmer, die wir oft noch mit Geschwistern teilen mussten, aufpeppen. Mit dem Kauf von Postern unserer Lieblingsmusikgruppen, -schauspieler (Robert Redfort, Neumanns Paul…), -fußballspieler (Uwe Seeler u. ä.) kleisterten wir die scheußlich gemusterten Tapeten zu.

Film, Fernsehen und die Rhein-Main-Halle

Als 1960 in der Nähe der Helene-Lange-Schule ein „Haus des Films" geplant und realisiert wurde, nährte sich die Hoffnung, dass sich Wiesbaden zu einem „für Kino und Fernsehen entscheidenden Zentrum in Deutschland" entwickeln würde. Bis dato hatten sich bereits bekannte Fernseh- und Filmgesellschaften auf dem Ateliergelände „Unter den Eichen" etabliert, darunter auch der „Taunus Film". Im April 1963 ging erstmals das ZDF aus Wiesbaden auf Sendung. Kaum zwei Jahre später wurde bekannt, dass Wiesbaden zwar eine Filmstadt bleiben, das ZDF aber nach Mainz auswandern würde. Bis dahin sollten eine ganze Reihe bekannter Filme und Serien aus Wiesbaden strahlen: neben diversen Produktionen, wie Kriegsfilme, „Tatort", „Die Buddenbrooks" und die „Rappelkiste", wurden unter anderem „Vorsicht Falle" mit Eduard Zimmermann, die „Starparade", das „Aktuelle Sportstudio" und die „Drehscheibe" in Wiesbaden produziert und übertragen. Nicht ganz unbeteiligt an dem Ruhm einer Filmstadt war die Rhein-Main-Halle, die 1957 gebaut, vielfach erweitert und doch in den 60er- und 70er-Jahren nahezu ständig ausgebucht war. Hier fanden internationale Kongresse und Messen (Internistenkongress, HAFA) oder Musikfestivals statt sowie viele beliebte Fernsehshows. Wie „Einer wird gewinnen" mit Hans-Joachim Kuhlenkampf (ab 1964), Lou van Burgs „Goldener Schuss" (1964), Rudi Carrell mit einem Reisequiz (1970), „Betty's Beat Box Hit" mit Peggy March (1970), Wim Thoelkes „Drei mal neun" (1970–1973), der „Große Preis" (1974), „Guten Abend, Nachbarn" (1971) und „Acht nach Acht" (1973) mit Hans-Joachim Kuhlenkampf (1971), „Wünsch Dir was" mit Vivi Bach (1971), „Der blaue Bock" mit Heinz Schenk (1975), „1000 Takte Temperamente" mit Roberto Blanco sowie die großen ZDF Silvestershows. Daneben lockte die Halle viele Musiker und Sänger an, wie: Marika Rökk (1960), Max Greger (1961); Heintje (1970), Udo Jürgens (1970 und 1971), Karel Gott (1970), René Kollo (1973), James Last (1973 und 1976), der Komiker OTTO (1974), Peter Alexander (1975), Barbara Streisand, Sammy Davis und Neil Diamond (1976), Freddy Quinn (1976), Udo Lindenberg (1977), Roger Whittaker (1977), Heino (1977). Dazu fanden Deutsche, Europa- und Weltmeisterschaften, sowie jedes Jahr Eisrevuen des Deutschen Eistheaters statt. Einer der Höhepunkte war die Ausstrahlung der „Hitparade" von Dieter Thomas Heck im Oktober 1978. Angesichts der erwarteten Schlagerstars, wie Siw Inger, Hoffmann und Hoffmann, Tony Holyday, Jürgen Drews, Roland Kaiser, Bernhard Brink und Roy Black, waren die Blumenläden vor der Show wie leer gefegt.

Vom elektronischen Rechenautomat zum Computer

War das ein Ereignis, als die Oranienschule, das Jungengymnasium, im November 1965 als erste Schule einen „elektronischen Rechenautomat" bekam. 250 000 Mark hatte das Ungetüm, das mit einem Kran der Feuerwehr in den künftigen Computerraum gehievt werden musste, neu gekostet, bevor es der Schule als Demonstrationsobjekt für elektronische Datenverarbeitung von einer Firma überlassen wurde. Eine Sensation! Quadrate und Kubikwurzeln konnte der riesige Kasten ziehen und Gleichungen mit mehreren Unbekannten lösen. Toll!

14 Jahre später gehört der „Mini-Computer", ein handlicher Taschenrechner (TI 30), der noch weit mehr als sein Vorgänger konnte, zum Inventar eines jeden Siebtklässlers. In der Dilthey-Schule lernten gar die Schüler bereits seit 1977 mit „richtigen Computern" umzugehen. Und auch die Oberstufe am Moltkering hatte schon ihre erste Computerausrüstung. 1980 wurde in der Gutenbergschule „Computersprache" zum Wahlpflichtfach.

Zu Hause dagegen sollten noch einige Jahre vergehen, bis der erste Rechner Einzug hielt. Wir schrieben unsere Referate stattdessen auf mechanischen Schreibmaschinen und durften allenfalls ab Ende der 70er-Jahre einen „Atari" unser Eigen nennen. Die Spielkonsole, die an den Fernseher angeschlossen wurde, zog Scharen von Freunden und Freundinnen an. Obwohl hier lediglich auf schwarzem Hintergrund zwei weiße Striche einen weißen Punkt hin- und herspielten.

In den 70er-Jahren waren Computer noch monströse Maschinen.

Großer Beliebtheit erfreuten sich bis in die 70er-Jahre hinein die jährlich im Sommer stattfindenden Ferienspaziergänge. Im Wald wurden Spiele gemacht und auch die Kinder in ihren selbst gebauten „Hütten" in Blechnäpfen (1962) verköstigt.

Endlich Ferien!

Ausschlafen, frische Brötchen zum Frühstück, faulenzen, durch die vier Fernsehkanäle nach Lust und Laune schalten, spät abends „Dallas" und die „Straßen von San Francisco" glotzen, Comics, Yps-Heft und Abenteuergeschichten lesen („Die 3 Fragezeichen", „Perry Rhodan" und „Perry Cottan" – letztere waren allerdings als „tendenziös verhängnisvolle amerikanische Literatur" beim Stadtelternrat verpönt, was sie nur interessanter machte!). Schwimmen, im Schrebergarten auf der faulen Haut liegen, auf dem Bonanza-Fahrrad die Gegend unsicher machen, den „kleinen Uhu" basteln und fliegen lassen, mit dem Skateboard die Straßen hinuntersausen, in der Stadt bummeln (nicht vergessen, beim „Zauberkönig" den Vorrat an Stinkbomben, Pfurzkissen, Plastikhundehaufen und -erbrochenem aufzufüllen). Die Eisdiele überfallen und Rollerblades fahren, bis wir gar nicht mehr wussten, wie wir ohne die acht Rollen an den Füßen gehen sollen: Wer sich in Wiesbaden in den Ferien langweilte, war selbst schuld. Vor allem, nachdem 1970 erstmals für die großen Ferien ein Ferienpass eingeführt wurde, der kurze Zeit später die „Ferienspaziergänge" (ab 1950) ablöste. In einer Gemeinschaftsaktion sorgten Wiesbaden und Mainz nun dafür, dass Kinder und Jugendliche von der ersten bis zur 13. Klasse für zwölf Mark kostenlos Bäder, Museen sowie Freizeitgelände besuchen und unentgeltlich Busse und die Nerobergbahn benutzen durften. 1975 wurde das Angebot auf 80 Sonderprogramme, wie Kochkurse, Puppentheater, Tagesfahrten, Spielfeste und Kino erweitert, allerdings kostete der Spaß dann 15 Mark. Rund 12 000 Pässe wurden jährlich verkauft, schließlich konnten sich nicht alle Familien einen Urlaub leisten. Also hieß es: Mutter zum Ferienpasskaufen in die Schlange stellen, Aktivitäten auswählen, Mutter wieder zum Buchen in die Schlange schicken.

Besonders die Kinobesuche nutzten wir aus, die waren nämlich über das Jahr hinweg selten gesät. Mit Mutter, Vater, großer Schwester, älterem Bruder oder Opi in eines der etwa 20 Lichtspielhäuser zu gehen, war eine besondere Sache. Kaum sechs Jahre alt geworden, nahmen sie uns bei viel zu seltener Gelegenheit mit, zunächst in bunte Walt-Disney-Streifen wie „Bambi" und die „Tollkühne Hexe in ihrem fliegenden Bett" (1971), später in Western („Mein Name ist Nobody", 1973) und Piratenfilme („Der scharlachrote Pirat", 1976). Noch später gingen wir ohne erwachsene Begleitung (die störte da nur) in Agenten- und Abenteuerfilme, wie „King Kong" (1976) und „007 (ab 1962), Blödel-Komödien wie „Brust oder Keule" und Bud Spencer-Streifen und schließlich in Science Fiktion („Krieg der Sterne", 1977), Tanzfilme wie „Grease" (1977) und die legendäre „Rocky Horror Picture Show" (1975). Das Beste an den Kinobesuchen war das Eiskonfekt. Ohne das war der beste Film nichts. Genüsslich saugten wir das cremige Eis durch die dünne, knackige Schokoladenschicht, während der Vorfilm vor uns flimmerte. Nirgends schmeckte das Eis besser als im Kino. Bis 1971, nach mehr als 20 Jahren, fand in den Ferien das fast legendäre Seifenkistenrennen der Opel AG am Stresemannring statt. Auf einer 300 Meter langen Strecke zeigten in ihren selbst gebastelten Rennautos Nachwuchsfahrer ihr Können.

Im Sommer ins Freibad

Bei schönem Wetter gingen wir im Sommer gerne ins Freibad. Da es von denen nur drei gab (Kleinfeldchen seit 1951, das Opelbad seit 1933 und dank der Spende der Firma Kalle zum 100. Jubiläum das Kallebad seit 1970), ging es dort ent-

Die berittene Polizei, die vor allem, wie hier 1962 im Rabengrund, in den Erholungsgebieten für Ruhe und Ordnung sorgten, zogen viele Kinder an.

1970 wurde das Kallebad eröffnet. So leer wie hier (1972) war es aber nur am Vormittag.

sprechend eng zu. Wer es sich leisten konnte, ging natürlich ins „Schicki-micki"-Opelbad, das, auf dem Neroberg gelegen, nicht nur eine herrliche Aussicht auf Wiesbaden bot, sondern auch auf Prominente, Schauspieler, Sänger und Nachrichtensprecher, die hier zuweilen auf „Brautschau" gingen. Bei schlechtem Wetter wichen wir auf die Hallenbäder aus, das Kleinfeldchen (ab 1976) und das ESWE-Bad der Stadtwerke. Allen Bemühungen zum Trotz konnten hier die Plastikpalmen nicht darüber hinwegtäuschen, dass es sich dabei vor dem Jahr 1954 um eine Turbinenhalle des alten Elektrizitätswerkes gehandelt hatte. Das 50-Meter-Becken war jedoch eines der ersten und modernsten in ganz Deutschland und wurde jährlich von einer halbe Million Menschen besucht.

Noch recht züchtig war die Bademode um 1960, zumindest die, die auf der Treppe im Kleinfeldchen gezeigt wurde.

1961 feierte das Freibad Kleinfeldchen seinen zehnten Geburtstag. 2,3 Millionen Besucher waren bis dahin schon gezählt. Obwohl damals unbeheizt, gehörte es zu den schönsten und modernsten Schwimmbädern Westdeutschlands.

Schwimmen mit Aussicht im Opelbad: Auf hübsche Frauen, knackige Männer, Prominente und, na ja, auch auf Wiesbaden.

Ab in den Urlaub

Auch wenn das Geld angesichts der hohen Miet- und Lebensmittelpreise stets knapp war, so leisteten sich doch die meisten Familien in den Ferien ein paar Tage oder maximal drei Wochen Urlaubsfahrten. Fernreisen mit dem Flugzeug waren eher selten. Dafür quetschten sich Kinder und Eltern mitsamt ihrem umfangreichen Gepäck, für das selten der Kofferraum ausreichte, ins Auto. Mehrere Kinder teilten sich dabei – wenn überhaupt – einen Gurt und dann rollten wir stundenlang in der bullenheißen Blechkiste (jetzt schien die Sonne natürlich wieder) in Kolonne mit Millionen Gleichgesinnter gen Norden oder Süden, seltener in den Westen und eigentlich kaum in den Osten. Hotel? Meist Fehlanzeige. Wenn nicht gar im Zelt, so verbrachten wir die Tage und Nächte in günstigen Frühstückspensionen mit Küchenbenutzung und Bad auf dem Gang. Beliebte Urlaubsziele – weil günstig – waren Jugoslawien und Italien (die Sehnsucht nach der Adria war extrem hoch), zu deren Erreichung allerdings das vollbeladene Auto mit zehn Stundenkilometern „Geschwindigkeit" über die Alpenpässe zuckeln musste. Meist wurde eine Zwangspause wegen

Urlaub an der Nordsee, wie hier auf Baltrum, gehört zu den schönsten Erinnerungen.

Geschafft! Und wieder haben uns die Eltern erfolgreich auf eine Alm „geschleppt". Wenigstens gab es hier etwas zu trinken.

Wer kommt mit der braunsten Haut aus dem Urlaub zurück? Diese Frage war wichtig. Und so brutzelten wir bei jeder sich bietenden Gelegenheit, wie hier auf einer Dachterrasse am Stubaigletscher, vor uns hin.

kochendem Kühler am Straßenrand eingelegt, es sei denn, man hatte einen VW Käfer, dessen Luftkühlung nach Ferry Porsche ja bekanntlich weder „überkochen noch gefrieren noch auslaufen" konnte. Die Nord- und Ostsee und natürlich Österreich waren weitere beliebte Ziele.

Während Badeurlaube ganz nach unserem Geschmack waren (was gibt es Schöneres als im feinen Sand Burgen zu bauen, die kühlen Wellen über sich brechen zu lassen und auf der Luftmatratze zu schaukeln), so stöhnten wir schon lange vor Reiseantritt über die Aussicht auf Bergwanderungen. Mit dem Alpenpanorama waren wir Pubertierenden einfach nicht zu beeindrucken.

Ohne die fürchterlich kratzende Mütze oder den Hut ging es nie im Winter hinaus.

Schlitten- und Schlitterfahrten

Ein eher seltenes Vergnügen war – im Gegensatz zu Nebel, Regen und richtigem „Sauwetter" – der Schnee. Ja, die weiße Pracht, die blieb meist nicht lange liegen und verwandelte sich rasch in matschige, braune Pfützen – der Nachteil, wenn überall warme Quellen fließen. Zwar gab es immer wieder sehr kalte Winter, wie 1960 und 1963, als die Häfen am Rhein zufroren und es einen Engpass in der Brennstoffversorgung gab. Kurze, dafür heftige Schneefälle kamen dagegen häufiger vor. Und die mussten wir nutzen, um Schlitten zu fahren, sei es in den Pausen, gleich nach der Schule – Hausaufgaben hin oder her, es gab Wichtigeres – oder in der Nacht. Aufgrund der hügeligen Lage der Stadt hatten vor allem die Kinder an den Stadtrandlagen ihren eigenen Rodelhügel direkt vor der Haustür. Oder wenigstens eine wenig befahrene Nebenstraße, die sich als Schlittenberg hervorragend eignete, sofern nicht ein Hausmeister dies mit seiner Schaufel und Splitt zunichte machte. Unter dem Licht der schummrigen Laternen sausten wir dann in Kolonne, einzeln nebeneinander und gemeinsam übereinander auf einem oder mehreren Schlitten die Straßen hinunter, vorwärts und rückwärts, auf dem Bauch oder

Endlich wieder genug Schnee (1968) zum Schlittenfahren.

Ein verschneiter Blick über die Stadt.

Rücken liegend, sitzend und stehend. Geschwindigkeitsrekorde wurden hier aufgestellt. Vergessen waren kratzige Wollstrumpfhosen, juckende Kunstpelz- und selbstgestrickte Bommelmützen. Jetzt zählte das nicht. Unsere Zehen froren in den Gummistiefeln steif, die Ohren glühten, die Finger waren taub vor Kälte. Nur kurz gönnten wir uns eine Pause, steckten die klammen Zehen zwischen die Lamellen des Heizkörpers, tauten uns mit einer heißen Zitrone auf, wechselten die Handschuhe, zählten die blauen Flecke und schon waren wir wieder draußen. Abends fielen wir dann todmüde ins Bett.

In besonderer Erinnerung blieb der Winter 1973, als an dem durch die Ölkrise ausgelösten autofreien Sonntag ausreichend Schnee fiel und wir die Hauptstraßen zu Rodelstrecken machten. Oder der Winter 1979, als sogar im Kurpark Langläufer unterwegs sein konnten und Schlitten kurz vor dem Ausverkauf standen.

Außerdem verging kein Winter, in dem wir nicht mehrmals auf der Ende 1972 fertiggestellten Kunsteisbahn unsere Runden drehten. Drückenden Schlittschuhen, eisigen Zehen und blau-gefallenen Knien zum Trotz. Besonders in den ersten Jahren nach der Eröffnung war es auf der Eisbahn allerdings so voll, dass von Schlittschuhfahren ohnehin kaum die Rede sein konnte. Es war eher ein gemütliches Gehen, immer in viertelstündlich wechselnder Richtung. Drei Wächter achteten darauf, dass auch niemand aus der Runde „tanzte". Unter den scheppernden Klängen fetziger Diskomusik stolperten und glitten wir entlang der Bande und wärmten uns zwischendurch mit einer heißen Orangenlimonade am Kiosk auf. Billig war das Vergnügen leider nicht. Zwei Mark kostete der Eintritt, 3,50 Mark die Leihgebühr für ein paar lederne und stets zu enge Schlittschuhe. Dennoch besuchten im ersten Betriebsjahr 228 000 Schlittschuhläufer die Bahn. Man gönnte sich ja sonst nichts.

Alles ganz in Weiß, im Winter 1966. Das Bild ist aber nicht nur ein Zeugnis dafür, dass es in Wiesbaden Schnee gab, sondern zeigt auch das noch unbebaute Aukammtal, wo nur wenige Jahre später die Mayoklinik und die Hochhäuser für das Schwesterheim und Hotel stehen sollten.

Weihnachten und andere Familienfeste

Angekündigt wurde Ersteres Ende Oktober/ Anfang November mit der HAFA, der traditionellen Haushaltsmesse (seit 1950) in der Rhein-Main-Halle. Hier gab es die neuesten Errungenschaften auf dem Küchen- und Haushaltssektor zu sehen, ein Traum für die Hausfrau, von dem auch wir profitierten. Wurde Mami doch hier verführt, sich eine von den neuen Geschirrspülmaschinen (ab 1973) anzuschaffen, die uns von dem täglichen Frondienst befreite.

Ab Totensonntag, und nicht einen Tag früher, weihnachtete es in den Schaufenstern der Geschäfte. Mit plattgedrückten Nasen standen wir dann an den Scheiben und ergötzten uns an den dahinter aufgebauten Spielzeugen: Rutschautos, bunten Hüpfbällen, Autorennbahn (ab 1969), Mondlandungs-Landschaften nebst Zubehör, Dampfmaschinen, Baukästen für allerlei modere Konstruktionen, flippigen Barbies, Babypuppen, deren spezifische Geschlechtsmerkmale nicht mehr versteckt wurden und Puppen, die man am Genick an einer Kordel ziehend zum Sprechen bringen

Wenn er nur schon seinen Sack ausgeleert hätte und wieder weg wäre ...

konnte („Mama, ich hab Dich lieb!"). Lernspiele („Schau genau"), Bastelkästen („Seidenblumen" und „Tauchlack" für die Mädchen, Modellbau und Experimentierkästen für die Jungen), Gokarts, Roller, Fahrräder, später die ersten elektronischen Spiele (allerdings zu horrenden Preisen), Rubiks Zauberwürfel und Monchichis sorgten für lange Wunschzettel. Beliebte Geschenke waren zudem komplette Ausstattungen als Krankenschwester oder Zugschaffner, sowie das Postamt und natürlich der obligatorische Kaufladen, der jedes Jahr mit neuen Päckchen (aus denen erst einmal der Puffreis gefuttert wurde) und Mini-Lebensmitteln aus Marzipan aufgestockt wurde.

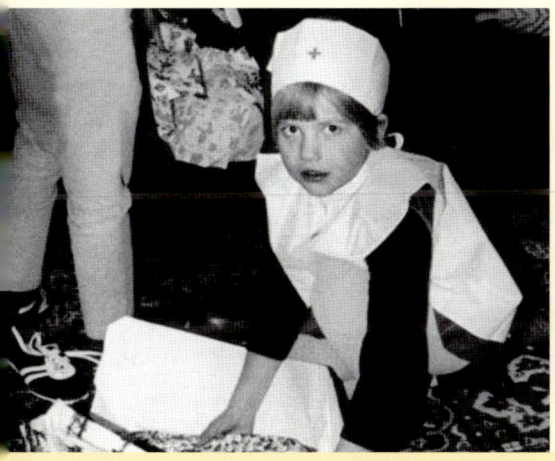

Eine komplette Krankenschwestertracht gehörte zu den beliebtesten Weihnachtsgeschenken für Mädchen.

Jungen freuten sich damals über die Eisenbahnschaffner-Ausrüstung.

Andreasmarkt und Weihnachtsmärchen

Tagsüber war es noch relativ ruhig auf dem Andreasmarkt (hier 1967), dem größten Volksfest der Stadt. Abends wurde es – trotz meist eisiger Temperaturen – aber immer sehr voll.

Die Weihnachtszeit war an sich schon aufregend genug, durch den Andreasmarkt auf dem Elsässerplatz wurde sie aber noch spannender. Das größte Volksfest der Stadt, das 1961 seinen 600. Geburtstag mit Auto-Skooter, Hula-Hoop, Oldtimer-Fahrzeugen auf Schienen, Düsenjägern und Luftschaukeln zu vier Groschen die Fahrt feierte, war immer eine Attraktion. 150 Aussteller waren dort stets zu finden. In gruseligen Geisterbahnen, monströsen Riesenrädern, der Apollo 11 und durch Bayernkurven drehten wir unsere Runden. Das einzige Manko an der Sache: Die Kälte im Dezember. Und so sind die Erinnerungen an den Andreasmarkt stets gepaart mit dem Gefühl von halberfrorenen Zehen, steifen Fingern und tropfenden Nasen.

Alternativ zum Andreasmarkt bot sich das Weihnachtsmärchen im kuschelig warmen Theater an. Jedes Jahr wurde ein neues Märchen zauberhaft inszeniert. Diese Theaterbesuche waren, da sie alleine aus Kostengründen eine Ausnahme blieben, ein Ereignis der besonderen Art, für das es sich fein zurechtzumachen (Mädchen im hübschesten Kleid, die Buben in glatt gebügelten Hosen und Hemden) galt.

Das Theater war bei den Kindern und Jugendlichen immer beliebt. 26 000 Schüler wurden allein im Jahr 1972 gezählt. Außerdem bot es auch die Möglichkeit, aktiv im Chor oder Ballett dabei zu sein. Ab 1971 gab es in Wiesbaden wieder einen Weihnachtsmarkt, der in der Fußgängerzone und später auf dem umgebauten Luisenplatz aufgebaut war. Hier gab es auch Weihnachtsbäume zu kaufen, aber wer es romantischer haben wollte, der durfte sich mit Axt und Säge selbst – unter Aufsicht der Förster natürlich – im Stadtwald für fünf Mark pro laufenden Meter (1979) einen Baum schlagen.

Buntes Faschingstreiben

Mit dem Faschingstreiben konnte sich Wiesbaden zwar mit Mainz nicht messen, hatte aber auch einiges an Bällen und Sitzungen zu bieten. Faschingsfeiern wurden für Kinder in den Kindergärten, Schulen, Tanzschulen und Privat veranstaltet und recht gerne – überwiegend als schießwütiger Cowboy und Indianer verkleidet – besucht. Traditionell wurde die tolle Jahreszeit mit der Neujahrs-Proklamation auf dem Schlossplatz eröffnet. Hier fand zudem der spektakuläre Sturm aufs Rathaus inklusive Gefangennahme des Oberbürgermeisters und des Magistrates statt. Höhepunkt war für uns natürlich der Tatzelwurm, der sich seit 1949 am Faschingssonntag durch die Innenstadt

An Fasching mussten Cowboys so manchen Zweikampf bestehen.

Keine Mühen und Kosten scheuten die Veranstalter des Wiesbadener Faschingszuges. Die gleiche Stimmung wie im benachbarten Mainz konnten sie dennoch bei den zurückhaltenden Wiesbadenern nicht hervorlocken.

bewegt. 300 000 Menschen verfolgten das Spektakel. Dennoch kann sich keiner von uns an eine besonders ausgelassene Stimmung erinnern. Wobei das nicht an den Veranstaltern und Teilnehmern lag, die sich alle Mühe gaben, mit Hilfe von „Umba, Umba, Umba Täterää"-Musik, Funkenmariechen und Pappnasen so etwas wie Mainzer-Faschings-Atmosphäre aufkommen zu lassen, sondern an uns Zuschauern. Wenn auch zwischen zwei Karnevals-Hochburgen gelegen, so lag den Wiesbadenern dieses Fest doch nicht so recht im Blut. Das Brüllen von „Helau" und Ähnlichem war und blieb uns irgendwie peinlich. Und so verfolgten wir stumm oder allenfalls „Helau" murmelnd den Zug, einzig die auf uns niederprasselnden Bonbons im Visier, die im Anschluss sorgfältig gezählt und verspeist wurden.

Geburtstage

Ein Höhepunkt des Jahres war der eigene Geburtstag. Brachte er einen doch nach einem unendlich langen Jahr wieder einen Schritt weiter zum sehnsüchtig erwarteten Erwachsenendasein (und Führerschein). Der Ehrentag wurde mit Geburtstagskuchen, Kerzen, Geschenken, Lieblingsessen und/oder Aussuchen des Restaurants in der Familie gefeiert. Und mit einer Geburtstagsparty. Bis zum Alter von etwa zehn bis zwölf Jahren, bis also Kinderpartys „ätz und stöhn" (ab da kommunizierten wir ja in der Comicsprache) wurden und man allenfalls mit der besten Freundin oder dem besten Freund das Kino („bäng" oder „schnief") besuchten, ging es zu Hause an diesem Tag hoch her: Unmengen von Kuchen wurden von der Mutter gebacken, Kakao gekocht und sonst verpönte Limonaden eingekauft. Das Wichtigste waren aber die Spiele (Topfschlagen, Mehlschneiden, Dosenlauf, Eierlauf, Autorennen, „Armer schwarzer Kater", die „Reise nach Jerusalem", „Hänschen piep einmal", Stadt-Land-Fluss) und natürlich die kleinen Preise, die es zu gewinnen gab. Ausgefallene Spitzer, bunte Bleistifte und allerhand Süßkram belohnten die Sieger und trösteten die Verlierer. Pommes und Würstchen setzten stets den Schlusspunkt, bevor sich ein jeder mit flauem Magen wegen der vielen Köstlichkeiten wieder verabschiedete.

Bei den Kostümen war viel Einfallsreichtum gefragt. Jedes Jahr musste es ein neues, meist selbst genähtes sein.

Geschniegelt und gestriegelt ging es zur Konfirmation.

Im dunklen Cordanzug zur Konfirmation

Sicher, es gab auch Kommunionen in Wiesbaden, größtenteils war die Stadt jedoch protestantisch und daher überwogen die Konfirmationen. Ein Ehrentag für einen jeden von uns, der nur von der allzu gediegenen Kleidung (dunkler Cordanzug oder -rock, weißes Hemd oder Bluse) vergellt wurde. Am Ende der eineinhalbjährigen Konfirmationsunterrichtszeit stand die Gestaltung des Gottesdienstes, der die früher üblichen Prüfungen vor der ganzen Kirchengemeinde abgelöst hatte. Eine schweißtreibende Angelegenheit in der viel zu heißen überfüllten Kirche, wo die gesamte Verwandtschaft versammelt war. Nach langen zwei Stunden war es dann geschafft. Mit dem Gefolge ging es meist nach Hause, wo die vielen Präsente und Glückwunschkarten ausgepackt (und unauffällig die Summe der Geldgeschenke überschlagen) wurden. Dann Restaurantbesuch, Spaziergang im Kurpark (sofern das Wetter mitspielte) und Rückkehr an die reich gedeckte Kuchentafel, zu der sich am Nachmittag der Herr Pfarrer einfand. Wir Konfirmanden hatten natürlich den Ehrenplatz, der mit Blumen besonders schön geschmückt war und am Ende des Tages, wenn wir vom Sekt oder Wein gekostet hatten, fühlten wir uns schon so gut wie erwachsen ...

Tanzschule Bier oder Tanzschule Weber, das war in Wiesbaden die Frage.

Die Tanzschule

Nach der Konfirmation fühlten wir uns erwachsen genug, selbst zu bestimmen, wohin wir wie lange am Nachmittag und Abend ausgehen wollten. Unsere Eltern waren da anderer Meinung! Die langen Fahrten durch die Stadt zum Sportverein, ab und zu ein Stadtbummel mit der Freundin, in Ordnung. Aber sonst? Der einzige Ausweg, um einmal unter 16 Jahren mit dem Segen der Eltern weggehen zu können, war die Tanzschule. Zwei gab es in Wiesbaden. Von unserer Entscheidung für eine der Schulen hing ab, ob wir künftig zur Kategorie „Bier" oder „Weber" gehörten. Rumba, Samba, Walzer, Disko-Fox und was sonst noch alles ein anständiger Junge und ein anständiges Mädchen aufs Parkett legen können muss, lernten wir hier, wobei stets ein Männermangel herrschte. Die Helden lungerten nämlich lieber vor der Tanzschule herum und fachsimpelten über die dort abgestellten Mokicks und Motorräder als mit einem erwartungsvoll kicherndem Mädchen im Arm Tango zu tanzen. Entsprechend groß war der Ansturm auf die wenigen tapferen Männer – und auch die Anzahl der Mauerblümchen, die – mitleidig belächelt – mit roten Köpfen am Rand standen und zusammen üben mussten.

Der Abschlussball fand im ehrwürdigen Kursaal neben dem Spielcasino statt (in das wir viel lieber einen Blick riskiert hätten) und blieb für einige Mädchen einfach nur als „schrecklich" und/oder „peinlich" in Erinnerung. Denn nach der feierlichen Eröffnung und Pflichtpolonaise („der Herr verbeugt sich vor der Dame, die Dame macht einen Knicks und lächeln nicht vergessen...."), sowie dem ersten Walzer, bei dem sich in dem dichten Gedränge viel zu lange Beine und bauschige Kleider hoffnungslos verhedderten, verdrückten sich erneut die meisten „Herren" auf Nimmerwiedersehen. Ihren sitzen gebliebenen Begleiterinnen blieb so meist nur übrig, mit dem Vater ein Tänzchen zu wagen, oder den Eltern zuzuschauen, die weit mehr Spaß an dem Ball hatten als ihre Kinder.

Später tanzten wir lieber in den Diskotheken, von denen es viel zu wenige in Wiesbaden gab und die entsprechend überfüllt waren. 1965 wagten sich erstmals junge Frauen alleine zum Tanzen in den anrüchigen „Twistschuppen", in denen die Jugend ihrer Tanzwut frönte und ihre langen Mähnen wild durch die Gegend schüttelte – zum Schrecken ihrer Eltern. In den „Beatkellern", wie dem „T14" Ende der 60er-Jahre, ging es in Minirock und Ringelpullover unter knallrotem Licht ähnlich zu wie in den 70ern unter der glitzernden Diskokugel an der Decke: Die Mädchen tanzten, während die Jungen überwiegend am Rand der Tanzfläche stehend ihre Möchtegern-Bekanntschaften mit den Augen abtasteten.

Die Kontrollen in den Diskotheken, wie dem Big Apple (seit 1967), der Wartburg (1978) oder dem Park-Café wurden mehr schlecht als recht eingehalten. Sicher, ab 22 Uhr sollten die noch nicht Volljährigen (seit 1975 bis 18 Jahre) zu Hause sein, Razzien der Polizei waren aber selten. Problematischer waren da Eltern, die peinlicherweise zuweilen persönlich ihre Sprösslinge abholten.

Selbstverständlich gab es auch Tanztrends zu beherrschen. So war 1973 „Ruckie Zucki" und 1975 der „Kung fu", ein Tanz mit karateähnlichen Bewegungen, aktuell. Oder der „Touch and go", bei dem sich die Partner mit Po und Knien anstoßen mussten.

Chronik

1976
März: Wegen Jugendproblemen im Klarenthal muss die Stadt einen Sozialarbeiter einstellen.

Oktober: An der Uferpromenade in Schierstein sprudelt die neue Wasserkaskade.

1977
April: Im Biebricher Parkfeld bricht aus einem Zirkus eine Löwin aus. Mit einem Großeinsatz von Polizei und Tierarzt kann sie wieder eingefangen werden.

1978
September: Der Kinderschutzbund richtet eine Beratungsstelle für misshandelte Kinder ein.

1979
November: Zum zweiten Mal innerhalb von zwei Wochen und zum sechsten Mal in zwölf Jahren (1967/1971/1976/1977) bebt die Erde unter Wiesbaden.

Oktober: Das Römertor, das jahrelang zum Abriss verurteilt worden war, ist fertig saniert.

1980
März: Schüler sammeln Spielzeuge für Aussiedler und Flüchtlingskinder. Die ersten Asylanten kommen im Juli.

Juni: Eine Baustelle am Weberhof fördert ein riesiges römisches Bad zu Tage.

Feiern auf der Kerb

Ende der 70er-Jahre gab es immer mehr Gelegenheiten in Wiesbaden, sich auf Festen zu vergnügen. Ja, in den Sommermonaten verging eigentlich kein Wochenende, an dem nicht irgendwo in der Stadt – abgesehen von den vielen Kerben (z. B. Gibber Kerb) in den Stadtteilen – gefeiert wurde. Den Auftakt machte im Frühling das Pfingstreitturnier, das seit 1929 bis auf wenige Jahre regelmäßig stattfand. Während es bei den

Der Besuch einer Kerb und das Fahren in einem Karussell war wenigstens einmal im Jahr „Pflicht". Und schon hier zeigt sich das typische Rollenmuster: Der „Mann" fährt. Und die „Frau" passt auf das Baby auf.

Die Kerben in den Vororten, wie dem traditionellen Apfelblütenfest in Naurod, zogen Besucher aus Stadt und Land an. Im Mittelpunkt stand hier 1962 noch die Blütenkönigin.

Kurparkfesten oder den Rheingauer Weinfesten im Kurhaus recht gediegen zuging, wurde andernorts ausgelassen gefeiert. Ob beim Schiersteiner Hafenfest, dem Opelbadfest (ab 1972) oder ab 1974 auf dem Schlossplatzfest, überall herrschte dichtes Gedränge und gute Stimmung. Höhepunkte waren ab 1976 die Weinwochen in der Fußgängerzone, auf denen wir (zwecks Weiterbildung natürlich) verschiedene Weinsorten testeten, und ab 1978 das Wilhelmstraßenfest, das Theatrium, das ab 1980 auf der gesperrten Prachtstraße stattfinden durfte. Hier war schon vor der Sperrstunde viel los und so kamen wir endlich einmal auf unsere Kosten.

Der Kerbehammel gehörte auch 1962 noch zur Erbenheimer Kerb.

Bestanden!

Endlich war es so weit. Der 18. Geburtstag war in greifbarer Nähe und das Anmeldeformular für die Führerscheinprüfung ausgefüllt. Die Tage der Abhängigkeit von Bussen, älteren Geschwistern, Freunden oder gar den Eltern sollten gezählt sein. Die erste Fahrstunde war eines der aufregendsten Erlebnisse dieser Zeit. Allerdings stellte sich das Lenken des Golfs als gar nicht so einfach heraus. Plötzlich waren die Straßen viel enger, die entgegenkommenden Autos viel breiter und schienen sich die Verkehrsschilder über Nacht vermehrt zu haben. Mit schweißnassen Händen, die vor Zittern kaum das Lenkrad zu halten vermochten, fuhren wir mit dem lässig auf die Ablage klopfenden Fahrlehrer hinaus aus der Stadt, wo wir auf leeren Landstraßen ein wenig verschnaufen konnten, bevor es wieder in das Stadtgewühl ging. „Alles klar, war total easy", schnitten wir am nächsten Tag in der Schule auf. Mit der Unabhängigkeit von den elterlichen „Taxidienstzeiten" war es aber nach erfolgreich bestandener Prüfung so schnell noch nicht vorbei. Denn aus für uns unerfindlichen Gründen bestanden sie anfangs darauf, uns auf unseren ersten Fahrten zu begleiten und uns nicht ihren Wagen auszuleihen! Also hieß es mehr jobben, um sich den ersten, kleinen, gebrauchten Flitzer leisten zu können.

Endlich unabhängig und mit dem ersten eigenen Auto unterwegs.

Dem Tag der Zeugnisausgabe sahen wir mit gemischten Gefühlen entgegen.

Schulabschluss – was nun?

So sehr wir das Erwachsenenleben und die für uns damit verbundene Freiheit ein Kinderleben lang herbeigesehnt hatten, so schnell kam der Tag, an dem wir die Schule verlassen und uns für unseren künftigen beruflichen Lebensweg entscheiden sollten. Die Frage, „was anfangen mit dem Wissen (oder Nichtwissen)" versuchten wir meist bis auf den allerletzten Moment hinauszuschieben. Entkommen konnten wir ihr nicht. Für die jungen Männer war die Frage leichter zu beantworten, erst einmal Bundeswehr oder Zivildienst, der Rest wird sich schon finden. Wenn auch die Zahl der offenen Lehrstellen von 2000 im Jahr 1960 auf 600 im Jahr 1980 gesunken war und theoretisch genügend Berufe zur Verfügung standen, gab es praktisch lange Wartelisten, vor allem für Ausbildungen bei Funk und Fernsehen und in der Bank, in die besonders die Abiturienten strebten. Studieren wollten laut einer Erhebung von 1978 nur wenige von ihnen, kaufmännische Berufe lockten dagegen sehr. Mädchen waren ohnehin weniger in naturwissenschaftlichen Bereichen zu finden, die meisten strebten kurze Ausbildungen an, da sie sowieso Kinder bekommen wollten, nur wenige mochten einmal nicht von ihrem Ehemann abhängig sein. Das zum Thema Emanzipation!

Dem Tag der Zeugnisübergabe wurde von uns mit unerwartet gemischten Gefühlen entgegengesehen. Der gewohnte Rhythmus war vorbei, die Welt stand uns offen und das machte uns plötzlich schwindlig. Einen Kloß im Hals hinunterschluckend nahmen wir in der Aula unser Zeugnis entgegen und verschwanden so schnell wie möglich in einen neuen, aufregenden und noch unbekannten Lebensabschnitt.

Prominente Besucher
in Wiesbaden

Namhafte Staatsgäste, Politiker, berühmte Schauspieler, exotische Touristen und Wissensdurstige, all jene und viele mehr besuchten in den 60er- und 70er-Jahren die Kur- und Landeshauptstadt Wiesbaden. Zur Erholung oder zum Informationsaustausch.

Der wohl größte Besuch in der Geschichte war die Visite von J.F. Kennedy am 25. Juni 1963, nur vier Monate vor seinem gewaltsamen Tod. 500 Journalisten reisten damals nur für ihn nach Wiesbaden, die Unterbringungsmöglichkeiten wurden knapp für all jene aus dem Bundesgebiet, die sich die Gelegenheit nicht nehmen lassen wollten, den Präsident der Vereinigten Staaten von Amerika persönlich anzusehen. Der Nachmittagsunterricht für die Kinder fiel aus, eine Luftparade wurde zu Ehren des Präsidenten abgehalten, der sich jedoch nur wenige Stunden in Wiesbaden aufhielt, um die hier stationierten Truppen zu besuchen. 100 000 Menschen säumten die Straßen in der Stadt. Der Tod Kennedys am 23. November war dann ein Schock für ganz Wiesbaden – vor allem für die Jugendlichen, die mit einem Fackelzug durch die Innenstadt ihrer Trauer Ausdruck verliehen. Gedenkfeiern wurden in allen Schulen abgehalten, Salutschüsse hallten durch die Stadt. Flugs wurde der Kurhausvorplatz in „John F. Kennedy-Platz" umgetauft. Allerdings wurde die Namensgebung 1970 wieder rückgängig gemacht. Weil das Areal damals lediglich als Parkplatz benutzt wurde, erschien das Andenken an den großen Politiker unwürdig.

Am 24. Mai 1964 besuchte dann sein Bruder Robert Kennedy, der damalige Justizminister, Wiesbaden.

Erst 1978 empfing Wiesbaden wieder einen amerikanischen Präsidenten: Jimmy Carter machte einen 45-minütigen Blitzbesuch auf dem Erbenheimer Flughafen. 240 Journalisten begleiteten den „topsecret"-Besucher, der von Bundeskanzler Helmut Schmidt und Außenminister Hans-Dietrich Genscher begleitet wurde. 8000 Schaulustige, wurden von 500 Polizisten bewacht

John F. Kennedys Besuch in Wiesbaden am 25. Juni 1963 gehört zu den Höhepunkten der Stadt.

und beobachteten das kurze Spektakel. 1965 wurde die Landeshauptstadt noch einmal durch einen besonderen Prominentenbesuch beehrt: Queen Elizabeth kam. Dafür musste die Stadt extra eine Britenfahne kaufen. Ein 300 Meter langer roter Teppich wurde für sie ausgelegt, 200 Polizisten mehr angefordert, zehn Kilometer Absperrseil verlegt, um die 100 000 Menschen auf Abstand zu halten. Der 20. Mai ging als großes Familienfest in die Geschichte Wiesbadens ein. Die ganze Innenstadt war mit Fahnen geschmückt, in den Postämtern drängten sich Philatelisten, um einen der begehrten Sonderstempel zu erhaschen.

Die Stadt, in der wir aufgewachsen sind,

ist so ganz anders als alle Städte dieser Welt.

Weißt Du noch? Hier drüben war das alte Kino, und dort die Straßenecke, wo wir heimlich den ersten Kuss tauschten. Wer erinnert sich nicht gern an die vertrauten Orte seiner Kindheit und Jugend – den Bolzplatz am Stadtrand, das alte Schultor oder die verrauchte Kneipe, in der nächtelang diskutiert wurde? Anderen fallen das Quietschen der Straßenbahn ein oder der Duft von frisch gebackenem Blechkuchen ... und natürlich die Kindheits- und Jugendgeschichten, die man sich noch heute unter Freunden gern erzählt.

Kurzweilige Texte, ergänzt durch zahlreiche Fotografien der Zeit, wecken Erinnerungen an die ganz alltäglichen Dinge, wie wir sie alle in unserer Stadt erlebten.

Bücher aus dieser Reihe gibt es für Berlin, Bremen, Chemnitz, Dresden, ...
... und viele andere Städte & Regionen in Deutschland!

Das persönliche Geschenkbuch für alle, die sich gerne an die Kindheit und Jugend in ihrer Stadt erinnern ...

Unsere Bücher erhalten Sie im Buchhandel vor Ort oder direkt bei uns:

Wartberg Verlag GmbH & Co. KG
Im Wiesental 1, 34281 Gudensberg-Gleichen
Tel.: 05603/93 05-0, Fax: 05603/93 05-
E-Mail: info@wartberg-verlag.de
Online-Shop: www.wartberg-verlag.de

www.**kindheitundjugend**.de